GOTTESDIENST PRAXIS SERIE A

Arbeitshilfen für die Gottesdienste
zu den Sonn- und Feiertagen
des Kirchenjahres

Herausgegeben von Erhard Domay

Gütersloher Verlagshaus

GOTTESDIENST-PRAXIS

VI. Perikopenreihe

Band 1: 1. Sonntag im Advent bis
Letzter Sonntag nach Epiphanias

Gütersloher Verlagshaus

Die Deutsche Bibliothek - CIP-Einheitsaufnahme

Gottesdienstpraxis. - Gütersloh : Gütersloher Verl.-Haus.

Ser. A, Arbeitshilfen für die Gottesdienste zu den Sonn- und Feiertagen des Kirchenjahres.
Perikopenreihe 6. hrsg. von Erhard Domay.
NE: Domay, Erhard [Hrsg.]; Arbeitshilfen für die Gottesdienste zu den Sonn- und Feiertagen des Kirchenjahres

Bd. 1. 1. Sonntag im Advent bis Letzter Sonntag nach Epiphanias. - 1995
ISBN 3-579-02889-8

ISBN 3-579-02889-8

Umschlagentwurf: Franz Wöllzenmüller, Oberhaching
Umschlagbild: © Benedikt Werner Traut, 79194 Gundelfingen
Aufbruch 1977, Farbmonotypie 90 x 93 cm
Satz: Fotosetzerei Steggemann, Herford
Druck und Bindung: Ebner Ulm

Gedruckt auf chlorfrei gebleichtem Werkdruckpapier

Printed in Germany

Inhalt

1. Sonntag im Advent
Annäherungen an den Predigttext Hebräer 10,19–25
(Jörg Rothermundt) 7
Zum Gottesdienst *(Klaus Johanning)* 8

2. Sonntag im Advent
Annäherungen an den Predigttext Offenbarung 3,7–13
(Ulrike Börsch) 15
Zum Gottesdienst *(Günter Gottschämmer)* 17

3. Sonntag im Advent
Annäherungen an den Predigttext Offenbarung 3,1–6
(Bernhard von Issendorff) 23
Zum Gottesdienst *(Christian Schad)* 24

4. Sonntag im Advent
Annäherungen an den Predigttext Jesaja 52,7–10
(Klaus von Mering) 31
Zum Gottesdienst *(Ingrid Keßler-Woertel)* 33

Heiliger Abend
Annäherungen an den Predigttext 1. Timotheus 3,16
(Mechthild Werner) 39
Zum Gottesdienst *(Hermann Otto Geißler)* 42

Gottes Engel brauchen keine Flügel
Familiengottesdienst am Heiligen Abend
(Rolf Heinrich) 48

1. Weihnachtstag
Annäherungen an den Predigttext Galater 4,4–7
(Stefan Claaß) 55
Zum Gottesdienst *(Günter Scholz)* 56

2. Weihnachtstag
Annäherungen an den Predigttext 2. Korinther 8,9
(Dagmar Maxin-Schnell) 63
Zum Gottesdienst *(Anselm Friederich)* 65

1. Sonntag nach Weihnachten
Annäherungen an den Predigttext Jesaja 49,13–16
(Hans Werner Dannowski) ... 74
Zum Gottesdienst *(Jürgen Rogler)* ... 75

Altjahrsabend
Annäherungen an den Predigttext Hebräer 13,8–9b
(Klaus Dirschauer) ... 84
Zum Gottesdienst *(Jobst von Stuckrad-Barre)* ... 85

Neujahr
Annäherungen an den Predigttext Philipper 4,10–13
(Klaus Zillessen) ... 92
Zum Gottesdienst *(Jutta Konowalczyk-Schlüter)* ... 94

Epiphanias
Annäherungen an den Predigttext 2. Korinther 4,3–6
(Gerhard Engelsberger) ... 101
Zum Gottesdienst *(Albert Damblon)* ... 103

1. Sonntag nach Epiphanias
Annäherungen an den Predigttext Jesaja 42,1–4(5–9)
(Reinhard Kirste) ... 111
Zum Gottesdienst *(Friedrich Holze)* ... 116

2. Sonntag nach Epiphanias
Annäherungen an den Predigttext Hebräer 12,12–18(19–21)22–25a
(Helga Trösken) ... 126
Zum Gottesdienst *(Reiner Jansen)* ... 128

3. Sonntag nach Epiphanias
Annäherungen an den Predigttext Apostelgeschichte 10,21–35
(Hans Reinhard Rapp) ... 135
Zum Gottesdienst *(Henning Theurich)* ... 137

Letzter Sonntag nach Epiphanias
Annäherungen an den Predigttext 2. Petrus 1,16–19(20–21)
(Wolfgang Herrmann) ... 142
Zum Gottesdienst *(Kurt Dohm)* ... 144

Die Autorinnen und Autoren ... 151

1. Sonntag im Advent

Annäherungen an den Predigttext Hebräer 10,19–25

Jörg Rothermundt

Zehn Leute aus der Gemeinde, in der ich wohne, aber nicht Gemeindepfarrer bin, saßen zum ersten Mal zu einem Predigtvorgespräch beieinander. Ich hatte den Text in zwei Übersetzungen kopiert (Luther und Gute Nachricht) und las ihn zu Beginn im Wortlaut der Guten Nachricht vor.

1. Erstes Herantasten: »Ein ernster Text«, »kein Adventstext«, »höchstens am Schluß, daß der Tag näher rückt«, »ach so, weil Weihnachten kommt«, »nein, die meinten die Wiederkunft; die haben geglaubt, daß das bald sein wird.« »Woran haben sie gesehen, daß es bald sein wird (Vers 25)?« »Wahrscheinlich wegen irgendwelchen Katastrophen, Erdbeben, Kriegen oder weil die Jugend aufbegehrt hat.« »Da haben schon viele gemeint, die Welt gehe unter.«

2. Worum es in diesem Text geht: »Zuerst wird noch einmal die Grundlage des Glaubens zusammengefaßt, dann kommt die Konsequenz, was wir tun sollen. Ich finde, die Predigt muß sich mit dem Tun beschäftigen. Das andere ist uns klar; das haben wir schon oft gehört.« »Das finde ich überhaupt nicht. Mir ist das gar nicht klar. Ich habe überhaupt nicht den vollkommenen Glauben und das volle Vertrauen.« »Mir geht es genauso.« »Mir auch.« »Woran hakt es?« »Ich habe das Gefühl, daß ich kein richtiger Christ bin, weil ich nicht wirklich danach lebe.« »Ich verstehe vieles nicht oder kann es nicht glauben.« »Woher weiß ich eigentlich, daß das Christentum das einzig Richtige ist und die andern alle unrecht haben?« »Die ersten Christen waren viel sicherer.« »So weit scheint es damit auch nicht her gewesen zu sein, sonst müßte der Autor nicht so ermahnen. Die schwanken auch!«

3. Die Gemeindeversammlungen: »Wie war denn das damals?« »Ach so, abends; und es gab keinen festen freien Tag; und gegessen haben sie auch miteinander, interessant! ...« »Dagegen sind unsere Gottesdienste ganz schön unkommunikativ.« »Ich finde, nicht nur der Gottesdienst ist Gemeindeversammlung, sondern auch die Hauskreise bei uns, der Posaunenchor, der Jugendclub, die Kinderkirche, die am 1. Advent ein gemeinsames Frühstück macht, und noch einiges.« »Auch das heute abend.« »Und der Gottesdienst ist so schlecht auch nicht. Verglichen mit meiner Heimat in der Nähe von Bremen ist er hier ganz schön voll.« »Aber ob sich jemand willkommen fühlt, wenn er neu herzieht? Die meisten haben doch ihre festen Plätze.« »Ein bißchen besser ist es schon geworden. Man begrüßt wenigstens den Nachbarn mit Handschlag oder nickt sich zu.« »Das ist aber erst ein kleiner Anfang.« »Das mit dem anschließenden Ständerling im Gemeindehaus ist ja auch nichts geworden.« »Soll ja in Zukunft auch anders gemacht werden.« ...

4. Einer soll sich um den andern kümmern: »Wir wissen viel zu wenig voneinander. Da machen ein paar Asylarbeit, und die meisten wissen es nicht einmal oder wollen nichts davon wissen.« »Wer weiß eigentlich, was den andern umtreibt?« »Das Nachfragen kann auch gefährlich sein, reine Neugierde.« »Es kommt auf den Geist an, in dem es geschieht; es muß ›im Herrn‹ geschehen.« »Zu guten Taten möchte ich nicht angespornt werden. Sporen sind spitz und tun dem Pferd weh.« »Das ist ein Zwang.« »›Anreizen‹ (Luther) ist besser.« »Was steht da eigentlich im Griechischen?« »Wem gelten die guten Taten, nur den Christen oder auch den anderen, die nicht dazugehören?«

5. Fazit der Versammelten: »Vor Deiner/Ihrer nächsten Predigt müssen wir wieder eine Vorbesprechung machen.«

Mein Fazit: In der Predigt muß es um Vertrauen und Zweifel gehen und um die Gemeindeversammlungen. Die Opfertheologie des Hebräerbriefs kann ich für diesmal vergessen.

Zum Gottesdienst

Klaus Johanning

Theologisch-homiletische Skizze

»Der Text ist bei aller Kürze so überströmend reich an ... beziehungsreichen Begriffen, wechselseitigen Verknüpfungen, lehrhaften Tiefenschichten, ethisch-praktischen Applikationen, kurz, er ist so vieldimensional, daß der Predigt viele Möglichkeiten offenstehen, nur nicht die Chance, seine Dimensionen zu erschöpfen.« (Hinrich Stoevesandt, in: hören und fragen Bd. 6, Neukirchen 1971, S. 1).

Ein Adventstext wie aus dem theologischen Lehrbuch: Auf der Grundlage von Kreuzestheologie, Wiederkunft und Tauferinnerung wird die Gemeinde zum »Bekenntnis der Hoffnung« ermutigt. Befreit durch das »reine Wasser« wartet sie im liebevollen geistlichen und weltlichen Miteinander auf ‚den' Tag. Ihr tägliches Leben ist ein durch die Hoffnung des Glaubens geprägter Gottesdienst. Soweit das Lehrbuch.

»Die Opfertheologie des Hebräerbriefes kann ich für diesmal vergessen.« Nicht zufällig konzentrieren sich die »Annäherungen« überwiegend auf die Verse 23–25. Auch das Perikopenbuch setzt 19–22 vorsichtshalber in eckige Klammern. Es blei-

ben somit Ermahnungen zu Liebe und guten Werken und die Aufforderung, regelmäßig die »Gemeindeversammlungen« - sprich: den Gottesdienst - zu besuchen. Eine anscheinend zeitlose Paränese, in die Gemeinden wie Pfarrerinnen und Pfarrer gern einstimmen. Nur: Wen soll das eigentlich noch erreichen? - »Ein guter Mensch können Sie auch ohne Kirchenmitgliedschaft sein«, wird ein Steuerberater in einem Zeitungsartikel über Kirchenaustritte zitiert.
Und der regelmäßige Gottesdienstbesuch? - »Der Gottesdienst ist so schlecht auch nicht ...«, heißt es in den »Annäherungen«, und ich glaube, diese Auffassung trifft die Stimmung der meisten Kirchgängerinnen und Kirchgänger. Sonst würden sie schließlich nicht kommen. Daß eine Mehrheit offensichtlich anders denkt und daß dies zur Zeit des Hebräerbriefes anscheinend auch schon ein Problem war, ist ein abendfüllendes Klagelied. Deswegen sollten sich Predigerinnen und Prediger hüten, es ausgerechnet im Gottesdienst anzustimmen.
Trockenes und »abgehobenes« christologisches Lehrbuch auf der einen, zeitlose und deshalb langweilige Ermahnungen auf der anderen Seite - wie kann daraus eine Adventspredigt werden? Ich schlage vor, zwei Stichworte aus den »Annäherungen« als Anhaltspunkte zu verwenden: den ungewohnt ernsten Ton adventlicher Hoffnung sowie die Aussage: »wir wissen viel zu wenig voneinander«.

1. Worauf warten wir - ein Plädoyer für den adventlichen Ernst: Die Advents- und Weihnachtszeit ist nur vor dem Hintergrund der Kreuzesbotschaft zu verstehen. Es gibt kein »O du fröhliche« ohne »Mit Ernst, o Menschenkinder«!
   Die Menschen im Gottesdienst blicken auf die Kerzen am Adventskranz, der auch in unserer Kirche aufgestellt ist. Worauf warten sie, wenn sie auf Weihnachten warten? Im gesellschaftlichen Bewußtsein bedeutet Adventszeit »Vorweihnachtszeit«. Sie hat damit ähnlich wie die »vorösterliche« Passionszeit weitgehend ihre Tiefe eingebüßt. Eine allgemein zu beobachtende Schnellebigkeit von Ereignissen und Informationen verkürzt auch die Kirchenjahreszeiten auf ihre festlichen Höhepunkte.
   Das führt jedoch zu profilloser Beliebigkeit: Welchen Unterschied macht es eigentlich noch, ob ich auf das »Christkind« oder auf den Osterhasen warte?
   Advent könnte dagegen eine Gelegenheit sein, auf den Grund unseres Lebens zu blicken, auf das, was uns trägt und unser Dasein lebenswert macht. Die Frage: »Worauf wartest du?« ist uns dabei behilflich. Denn, das spricht der Text uns zu: Es gibt noch etwas, worauf es sich zu warten lohnt, egal wie alt, müde oder satt wir sind. Wir sind losgelöst vom bösen Gewissen, wie es heißt und haben einen »neuen und lebendigen Weg« vor uns. Was könnte das bedeuten für moderne Menschen, die teilweise bereits im Jugendalter schon alle möglichen Wege ausprobiert und hinter sich gebracht haben?
   Vor mir liegt eine Sommerausgabe des »Spiegel« mit einem Artikel über das Freizeitverhalten der Deutschen. »Viele Leute haben doch, wenn sie ehrlich sind, Angst vor der Ruhe« - wird dort jemand zitiert - »... die halten sich immer auf Trab, weil sie nicht zu sich selbst kommen wollen.« Dieser Satz, der den Trend zum »Erlebnisurlaub« beschreibt, gilt auch für die Adventszeit.

2. »Wir wissen viel zu wenig voneinander«:
   In einer schnellebigen Gesellschaft, auf die täglich mehr Informationen einstürmen als vom einzelnen Menschen verarbeitet werden können, sind persönliche Kontakte oft oberflächlich oder verkümmern. Auch so manche gute und fruchtbare ehrenamtliche Tätigkeit bleibt in ihrer Wirkung kleiner als möglich, weil sie nur im Verborgenen blüht.

Wer hat – vor allem in städtischen Gemeinden – noch genug Gelegenheit, die Nachbarin oder den Nachbarn auf der Kirchenbank kennenzulernen? Kürzlich haben wir uns in einem Kreis von zwölf Gemeindegliedern über den Gottesdienst unterhalten. Dabei beklagte sich jemand über die Unruhe durch Gespräche während des Orgelvorspiels. Als Antwort kam: »Wann sollen wir denn miteinander reden, wir sehen uns doch die ganze Woche nicht!« Treffpunkt Gottesdienst? Worauf warten wir? Was wissen wir voneinander? Beide Fragen gehören zusammen, weil Christus, der Erwartete, die Verbindung zwischen den Wartenden schafft. Deshalb sollen sie auch Leitfaden für den Adventsgottesdienst sein.

Zur Liturgie

Bei uns ist am ersten Sonntag im Advent oft Familiengottesdienst; erfahrungsgemäß kommen dann viele Menschen, die nicht regelmäßig in der Kirche zu finden sind: Konfirmandinnen und Konfirmanden mit ihren Eltern, junge Familien, Taufgesellschaften.
Aber auch sonst sind die Adventsgottesdienste in der Regel besser besucht als beispielsweise die Gottesdienste der Trinitatis-Zeit. Es scheint, als gäbe es in der vorweihnachtlichen Hektik ein weitreichendes Bedürfnis nach Besinnung. Die Menschen möchten am Adventskranz zusammensitzen, nachdenken, Lieder singen, kurz, all' das tun, was zuhause im privaten Bereich oft keinen Raum mehr findet. Wieviel adventlichen Raum gibt es noch in der Herberge? Die Liturgie sollte dieser Situation in mehrfacher Hinsicht entgegenkommen:

1. Sie sollte unkompliztiert sein, so daß auch weniger »geübte« Besucherinnen und Besucher sich nicht fremd fühlen.
2. Sie sollte meditative Elemente enthalten, Räume für Stille und Nachdenklichkeit offenlassen.
3. Sie sollte kommunikativ sein, Möglichkeiten zum Kennenlernen bieten. Vielleicht kann der Gottesdienst ja auch mit einem »Kirchenkaffee« schließen?

Ein wichtiges Element ist die *Begrüßung*. Sie kann, wenn sie »gelingt«, sehr zur adventlichen Stimmung des Gottesdienstes beitragen. Deshalb empfehle ich, auch dort, wo es sonst üblich ist, nicht gleich mit dem – zugegebenermaßen schönen – *Wochenspruch* Sacharja 9,9 anzufangen.

Vorschlag für die Begrüßung
Herzlich willkommen im Gottesdienst zum 1. Advent! Sie haben sich heute morgen auf den Weg gemacht, sind vielleicht etwas eher als sonst vom Frühstückstisch aufgestanden. Nun sitzen Sie mit vielen anderen – Bekannten und Fremden – hier in der Kirchenbank. Vielleicht sitzt vor, hinter oder neben Ihnen jemand, den sie nicht kennen oder mit dem Sie gerne noch schnell einige Worte wechseln möchten. Nehmen Sie sich für diesen Menschen einen Augenblick Zeit …

Sie sehen: Wir haben die erste Kerze am Adventskranz angezündet. Ihr Licht soll uns daran erinnern, daß wir auf die Erfüllung einer alten Hoffnung warten. Advent heißt, daß Jesus zu uns kommt, um Frieden in eine unruhige und friedlose Welt zu bringen. Lassen Sie uns die Zeit dieses Gottesdienstes nutzen, um gemeinsam zur Ruhe zu finden und nachzudenken über den, der kommt ...

Gebet zum Eingang
Auf die übliche Eingangsliturgie mit Wechselgesang würde ich aus den o. g. Gründen verzichten. Stattdessen bietet sich ein durch einen gemeinsamen Kehrvers oder Liedvers unterbrochenes ausführlicheres Eingangsgebet an: Gott, Freund aller Menschen, du kommst zu uns. Daran erinnert uns der Advent. Aber wir nehmen uns für dich kaum Zeit. Wir gehen unsere eigenen Wege, sind unruhig und ziellos. Hilf uns, die Tore für dich weit aufzumachen, damit dein Frieden bei uns einziehen kann!
Liedvers (beispielsweise »Macht hoch die Tür« Vers 1)
Du kommst in Armut und Bescheidenheit als Kind in der Krippe von Bethlehem. Dein Leben gibst du für andere; für die Armen, die Hungrigen, die Mühseligen und Beladenen. Doch wir denken nur an uns selbst. Öffne unsere Augen für die Not der anderen, lenke unsere Schritte zum Mitmenschen.
Liedvers (Macht hoch die Tür, Vers 2)
Du willst bei uns sein, wann immer wir dich brauchen. Dir dürfen wir uns anvertrauen mit allem, was uns bewegt. Laß uns dies in einem Moment der Stille bedenken (Stille). Gott, halte an uns fest, auch wenn wir dich wie so oft übersehen. Komm zu uns, sei bei uns in der Unruhe unseres Lebens. (Amen)
Liedvers (Macht hoch die Tür, Vers 5)

Fürbitten
Jesus Christus, arm und gering bist du in unsere Welt gekommen – und doch kannst du uns reich machen mit den guten Gaben, die du bringst. Das Licht adventlicher Hoffnung willst du zu uns tragen, dein Friede soll in unsere unruhigen Herzen einziehen.
(Alle:) Laß uns offen sein für dich, für dein Kommen und für deine Gaben.
Herr, unerkannt begegnest du uns jeden Tag: in der Gemeinschaft, die uns braucht und die auch wir brauchen, um Erfüllung zu finden; in deinem Wort. Wecke unsere Sinne, daß wir dein Kommen wahrnehmen – und viel von dir erwarten.
Stärke uns, damit wir deine Kraft weitergeben.
(Alle:) Laß uns offen sein für dich, für dein Kommen und für deine Gaben.
Jesus, Licht der Welt, du wirst kommen, gerade wenn wir sonst nichts mehr vom Leben erwarten. Mach uns bereit – jeden Tag –, dich zu empfangen. Hilf uns, daß wir deine Gaben nicht achtlos liegen lassen, mißbrauchen

oder von uns tun, sondern sie dort einsetzen, wo sie gebraucht werden. Laß uns Werkzeuge deiner Liebe sein, die die Welt verändert.
(Alle:) Laß uns offen sein für dich, für dein Kommen und für deine Gaben. Gott der Hoffnung, du willst zu uns kommen. Laß uns getrost und voll Zuversicht dir entgegen gehen. Amen.
(aus: Gerhard Hopfer, ... und gibst meiner Seele große Kraft, Sonnenweg-Verlag/ Aussaat Verlag, Neukirchen-Vluyn)

Lesungen
Psalm 24 (eignet sich als Eingangspsalm gut zum Lesen im Wechsel), Matthäus 21,1–9 (Sonntagsevangelium) oder Lukas 11,2–6

Lieder
Neben dem Wochenlied »Die Nacht ist vorgedrungen« (EG 16) sollten vor allem die immer noch weithin bekannten Adventslieder gesungen werden: »Macht hoch die Tür« (EG 1); »Tochter Zion, freue dich« (EG 13); »Wie soll ich dich empfangen« (EK 11) usw.
Ebenfalls möglich: »Wir warten dein, o Gottes Sohn« (EG 152).
Zum Familiengottesdienst empfiehlt es sich, wenigstens ein Lied speziell für die Kinder hinzuzunehmen: »Wir sagen euch an den lieben Advent«; »Tragt in die Welt nun ein Licht«; »Seht, die gute Zeit ist nah« (alle drei in: Das Liederbuch zum Umhängen, Menschenkinder Verlag Münster).

Vorschlag zur Predigt

Zur Vorstellung des Predigttextes
Eine Hinführung zum Text scheitert meines Erachtens daran, daß sich sein Inhalt nicht auf ein oder zwei Kernaussagen reduzieren läßt. Ich empfehle daher, wie zu Anfang ausgeführt, sich auf einzelne Verse zu konzentrieren, die man innerhalb der einzelnen Predigtabschnitte vorträgt.

Möglicher Anfang
Liebe Gemeinde! Fast alle unter uns, so vermute ich, haben irgendwo in ihrer Wohnung oder in ihrem Zimmer einen Winkel, in dem sie Erinnerungsstücke aufbewahren: alte Fotos mit den früheren Schulfreunden, Adreßbücher oder Ansichtskarten und Briefe. Ich habe kürzlich bei mir zuhause in diesem Winkel gekramt und versucht, mir die Menschen vorzustellen, die zu diesen Erinnerungen dazugehören. Das war nicht immer einfach. Es gab Bilder, zu denen mir keine Namen mehr einfielen und Namen, bei denen ich mir die dazugehörende Person nicht mehr vorstellen konnte.
Viele Menschen sind mir im Laufe der Jahre begegnet. Die meisten von ihnen habe ich schon bald wieder aus den Augen verloren. Wir leben in

einer Zeit, in der persönliche Kontakte und Bekanntschaften oft oberflächlich und flüchtig bleiben und in der selbst Nachbarn manchmal wenig voneinander wissen ...
»... laßt uns aufeinander achthaben und uns anreizen zur Liebe und zu guten Werken, und nicht verlassen unsere Versammlungen ...«, so heißt es im heutigen Predigttext aus dem Hebräerbrief ...

Mögliche Fortsetzung
Der Predigttext aus dem Hebräerbrief ermutigt uns, einander besser im Blick zu behalten. Nicht aus Neugier oder zur Kontrolle, sondern weil wir als Gemeinde Jesu Christi zusammengehören. Wir haben Anteil an der Hoffnung, die mit Jesus in die Welt gekommen ist. Einer Hoffnung, die uns befreit, die aber auch unsere gemeinsame Mitarbeit braucht, um zu wachsen ...
Viele gute Werke, die bei uns im Verborgenen geschehen, bleiben kleiner, als sie sein könnten, eben weil wir sowenig aufeinander achthaben. Ich höre oft Klagen darüber, wie schlecht es um viele Bereiche unseres Lebens und unserer Gesellschaft bestellt ist – und in der Tat: Wir empfangen fast täglich neue Alarmsignale über die Zunahme des Elends und der sozialen Ungerechtigkeit ...
Doch wenn ich mit Menschen zusammenkomme und mir Zeit für sie nehme, dann sehe ich auch, daß im Verborgenen so manches gute Werk blüht ... Und dann stelle ich mir vor, wie es wachsen könnte, würden vielleicht noch mehr Menschen diese Arbeit wahrnehmen und ihre Fähigkeiten einbringen (an dieser Stelle könnte das erste im Kontext aufgeführte Zitat eingebracht werden) ...
Lassen Sie uns doch einmal den Gottesdienst als Anstoß nehmen, bewußter auf das zu achten, was um uns geschieht. Gerade heute, am ersten Sonntag im Advent, gedenken wir ja einer großen Hoffnung, die in die Welt gekommen ist: Gott ist Mensch geworden, und der hat uns einen »neuen und lebendigen Weg aufgetan«, wie es im Predigttext heißt. Zeichen dieses neuen Weges gibt es auch in unserer Gemeinde, in unserer Nachbarschaft zu entdecken, kleine ermutigende Schritte der Nächstenliebe und der Gerechtigkeit ...

Möglicher Schluß
Heute am ersten Advent, beim Licht der ersten Kerze auf dem Adventskranz, erinnert uns Jesus Christus daran, daß wir in dieser immer unübersichtlicher werdenden Welt nicht so verloren und machtlos sind, wie wir das manchmal meinen. Er ist zu uns gekommen, damit wir frei werden füreinander. Er schenkt uns mit diesem Gottesdienst einen Raum, einander kennenzulernen und ins Gespräch zu kommen. Wir sind durch ihn ermutigt, neue Wege zu gehen und neue Aufgaben wahrzunehmen.
Blicken wir auf sein Licht, das für uns alle leuchtet! Amen.

Kontexte

Die Welt wäre nicht schlecht, wenn du sie nur deine nenntest.
(Elazar Benyoetz, Filigranit, Göttingen 1992, S. 18)

Erlischt die Erwartung, dämmert die Hoffnung auf.
(Ders., S. 19)

...
Wir hören unser Umunsherum
Wissen auch viel von Biologie
Und feiern manchmal Triumphe
Doch säuberlich zusammengerechnet
Wohnen wir allein
Jeder in seinem Gartenzaun
...
(Hanns Dieter Hüsch, Das Schwere leicht gesagt, © tvd-Verlag, Düsseldorf 1991, S. 99)

2. Sonntag im Advent

Annäherungen an den Predigttext Offenbarung 3,7–13

Ulrike Börsch

Reaktionen nach dem ersten Lesen:
O, Gott, was soll das bedeuten? Um Himmelswillen, ist das schwierig! Ein Text voll geheimnisvoller Bilder. Sie sprechen mich an, berühren mich, aber ich verstehe sie nicht gleich. Sie sind verschlossen, mystisch.
Nach mehrmaligem Lesen:
Verwunderung, daß der Text die heutige Zeit widerspiegelt.
»Wer Ohren hat, der höre«: Wenn jeder Mensch Ohren hätte zu hören, gäbe es da unter uns Asylanten, Krieg und Ausländerfeindlichkeit? »Der Schlüssel Davids, der auftut«: Gäbe es Grenzen, die Menschen voneinander trennen, Obdachlose, vereinsamte Menschen, verschlossene, vergrämte Herzen?
»Siehe, ich habe vor dir eine Tür aufgetan«: Es ist schwer, heute einem Menschen Vertrauen zu schenken. Oftmals wird dies Vertrauen verraten und mißbraucht. Darum freue ich mich um so mehr, wenn ich jemanden kenne, dem ich meine Geheimnisse und Probleme anvertrauen kann; einen, der eine kleine Kraft hat und mein Wort bewahren kann. Davon müßte es mehr Menschen geben. Oder ist es bequemer, die Tür einfach zuzuschließen? Sich abzukapseln?
In einigen Sätzen klingt etwas auf, was einem bekannt vorkommt, sie berühren Lebenserfahrungen:
Eine Tür ist aufgetan ... niemand wird sie zumachen. Ich habe erfahren: Es tut sich einem etwas auf, ich habe nichts dazu getan, aber ich genieße eine Freundschaft, habe zur richtigen Zeit ein Buch gefunden, das mir weiterhilft, bin im richtigen Augenblick dem richtigen Menschen begegnet. Offene Türen, für die ich mich nicht anzustrengen hatte.
Gut tut der Zuspruch, daß »die kleine Kraft« etwas Wichtiges bewirken kann. Oft fühle ich mich so schwach, so unbedeutend, daß ich gar keinen Mut habe, große Dinge anzufassen oder mich bei großen Problemen zu engagieren.
»Weil du mein Wort von der Geduld bewahrt hast ...« Geduld – in unserer Erziehung hat sie eine bedeutende Rolle gespielt. Heute scheint kein Wert mehr darin zu liegen. Was würde aber wachsen, wenn wir nicht mit Geduld

warten könnten, wie sich ein Mensch, eine Beziehung, Pflanzen und auch der Glaube entwickelt?
Ich höre da eine große Ermutigung und Verheißung.
Aber auch dies wird im Text geweckt:
Angst davor, durch und durch erkannt zu sein, auch in der Lüge. Kann ich denn leben, ohne zu lügen? Es ist doch manchmal gar nicht zu vermeiden, wenn man in einer verzwickten, aussichtslosen Situation steckt, sich mit einer Notlüge zu befreien. Sucht man sich nicht immer den einfachsten, schnellsten Weg, um ans Ziel zu kommen? Und ist eine Lüge manchmal nicht sogar barmherziger als die Wahrheit zu sagen, die das Leben zerstört?
Fremd bis ärgerlich ist mir in dem Text allem voran der Satz zur »Synagoge des Satans«. Warum ist die gottesdienstliche Versammlungsstätte der Juden, die »Synagoge des Satans«? Schürt das nicht den alten Haß zwischen Christen und Juden? Alle Menschen sind doch gleich, oder?
Fremd sind viele Bilder, und schwer ist es, zwischen den einzelnen Bildern einen Zusammenhang herzustellen. Kaum nachzuvollziehen ist das Bild, daß da jemand zu den Füßen niederfallen soll. Das klingt so, als sollte da jemand in die Knie gezwungen werden. Und wo sollte ich wohl eine Krone herhaben und sie dann auch noch verteidigen müssen!?
Viele Rätsel bleiben.

Zur Klärung wünschten wir uns Informationen über folgende Fragen:
In welchem Zusammenhang steht dieser Offenbarungstext in der gesamten biblischen Botschaft? Wo kommen die Bilder her, und wie sind sie richtig zu erklären?
Sind die Bilder überhaupt in unsere Zeit zu übertragen, so, wie das von einigen christlichen Gruppen gemacht wird, die daraus das Ende der Welt herleiten wollen? Was ist davon zu halten? Kann man, darf man das? Darf man den Menschen mit der Offenbarung bei Johannes Angst und Druck machen?
Wer ist der »Engel der Gemeinde von Philadelphia«? Ist es der gute Geist, vielleicht der Heilige Geist? Oder ist es die Person, die die Gemeinde leitet?
Was ist mit dem »Satan der Synagoge« gemeint: Hat der »Satan« etwas mit den Satanskulten zu tun, die heute wieder so stark aufleben?
Welche Gemeinde ist das? Und warum gerade Philadelphia?
Gehört habe ich als Botschaft: Es geht darum, die Beziehung zwischen Gott und Mensch zu stärken trotz der Widrigkeiten, die die Menschen erleben und in ihrem Leben und Glauben zu bestehen haben. Es geht im letzten um eine Stärkung des Glaubens.
Ich sehe Parallelen zu unserer Zeit, in der es auch schwer ist, zu erkennen, was wahr ist, auch für den eigenen Glauben. Verschlossen bleibt mir das Mystische. Dafür fehlt mir der Schlüssel. Ich könnte mir vorstellen, diese Bilder zu malen, um sie mir so mehr zu öffnen.

Zum Gottesdienst

Günter Gottschämmer

Exegetisch-homiletische Skizze

Die *Johannesoffenbarung* hat seit jeher die Geister geschieden. In der alten und der mittelalterlichen Kirche wurde ihr hohe Dignität zuerkannt, selbst über die Paulusbriefe hinaus. Ihre Bilder prägten die Frömmigkeit: Der Pantokrator (5,8) dominierte die Kuppel byzantischer Kirchen; der richtende Christus (2,12) beherrschte das Tympanon romanischer und gotischer Portale; die himmlische Frau (12,1ff.) wurde auf Maria gedeutet. Dieser positiven Aufnahme stehen Kritik und Ablehnung gegenüber: Luther betont, daß »sein Geist sich in das Buch nicht schicken« könne, in dessen Visionen und Bildern Christus weder gelehrt noch erkannt werde. Zwingli formuliert härter: »Von der Apokalypse nehme ich kein Zeugnis an, denn sie ist kein biblisches Buch.« Heute entzündet sich der Widerspruch insbesondere an den Antijudaismen der Johannesoffenbarung: »Ich kann dies scharfe, aus der damaligen Situation der Bedrängnis stammende Wort (»des Satans der Synagoge«, d. Verf.) nicht mehr unbefangen nachsprechen. Zu viel Schlimmes ist in der Geschichte geschehen ...«. (Andreas Eitz, in: Gottesdienstpraxis VI, 1, Gütersloher Verlagshaus, Gütersloh 1989, S. 14).

Der vorliegende Text gehört zu den *sieben Sendschreiben*. Bei diesen handelt es sich um fiktive Briefe, die als gleichmäßige kompositorische Einheit aufgebaut sind. Zu unterscheiden sind unverändert bleibende Ordinariumsstücke (Schreibbefehl mit Adressatenangabe - Botenformel mit Absenderangabe - Situationsbeschreibung der Gemeinde mit Lob und Tadel - Weckruf - Überwindungsanspruch) von de tempore wechselnden Propriumsstücken: so enthält der vorliegende Brief an die Gemeinde in Philadelphia keinen Tadel. Die Siebenzahl der Sendschreiben gehört zum Repertoire apokalyptischer Sprache; sie ist die Zahl, die das All beschreibt und somit »Sinnbild göttlicher Totalität« (E. Lohmeyer, HNT 16, 1926, S. 16). Zugleich steht sie für den Anspruch der Johannesoffenbarung, an alle christlichen Gemeinden gerichtet zu sein.

Das *Sendschreiben nach Philadelphia* klingt wie ein Liebesbrief. Die Gemeinde wird nicht getadelt; sie erhält keine Aufforderung zur Umkehr; sie wird als leuchtendes Beispiel der Standhaftigkeit und des beharrlichen Bekennens gelobt: »Unter den stärkenden und tröstlichen Abschnitten der Apokalypse hat das Schreiben an Philadelphia immer unter den ersten gestanden. Niemand vermag zu sagen, wievielen christlichen Generationen diese Sätze Trost und Kraft vermittelt haben.« (H. Lilje, Das letzte Buch der Bibel, Hamburg 1961). Die Stadt Philadelphia trägt ihren Namen nach Attalos II. Philadelphos. Sie war unbedeutend, durch häufige Erdbeben gefährdet und wirtschaftlich schwach. Die dortige christliche Gemeinde war klein und durch eine überlegene jüdische Bevölkerungsgruppe bedroht. Diese Gemeinde spricht der erhöhte Christus an (V. 7). Seine Selbstbezeichnung als »der Heilige, der Wahrhaftige« ist als antijüdische Spitze zu verstehen; denn eine solche Benennung kommt nach alttestamentlichem Verständnis nur Gott selbst zu. »In die gleiche Richtung zielt das Bild von den Schlüsseln Davids« (Jürgen Roloff, Die Offenbarung Johannes, Zürich 1984, S. 61), Unter Aufnahme von Jes 22,22 wird Christus als der Statthalter beschrieben, der den Zugang zur kommenden Königsherrschaft Gottes verwaltet; er gewährt seiner Gemeinde, die »sein Wort behalten hat« (V. 8) Eintritt. Das Bild von der offenen Tür(V. 8) impliziert nicht missionarische Aktivitäten

(1. Korinther 16,9 u.ö.), sondern beschreibt die Situation der Gemeinde, die das »Wort bewahrt hat (V. 10) und Eingang finden wird in die endzeitliche Herrlichkeit (vergl. E. Lohse, NTD, Göttingen 1966, S. 32). Dort werden die Überwinder tragende Säulen (dieser Ehrentitel kam in der Jerusalemer Urgemeinde den Leitern zu; im Judentum wurde Abraham als »Säule der Welt« [Billerbeck III, 537] bezeichnet) der triumphierenden Kirche und Träger des neuen Namens Christi (V. 12) sein.
Unter dem *Gesichtspunkt der Predigt* weise ich auf die folgenden Aspekte hin:

1. Das Bild der geöffneten Tür wird im biblischen Zusammenhang in der Regel missionarisch verstanden (2. Korinther 2,12; Apostelgeschichte 14,27). Hier jedoch spricht der Text vom »neuen Jerusalem«; er zielt auf die eschatologische Erfüllung der Verheißung, daß am Ende aller Dinge der kommende Herr stehen wird: Es geht um den *»zweiten Advent«,* nicht nur im Kirchenjahr!
2. Die Tür wird von Christus geöffnet: »Siehe, ich habe vor dir gegeben eine offene Tür.« Der neue Zugang wird nicht durch menschliche Möglichkeit geschaffen, sondern im Sinne einer *iustitia aliena* von außen her. Der Notwendigkeit der Hilfe von außen korrespondiert die Situation der Gemeinde: »Denn du hast nur eine kleine Kraft.« Auch unseren Gemeinden ist das Gefühl, ohnmächtig zu sein und wenig ausrichten zu können, nicht unbekannt. Das betrifft zum einen die Stellung der Kirche in der Gesellschaft, zum anderen die persönliche Situation vieler Gottesdienstbesucher. In diese Situation hinein spricht der Text als Trostwort (vergl. dazu auch »Annäherung«: Eine Tür ist aufgetan ... Niemand wird sie zumachen. Ich habe erfahren: es tut sich einem etwas auf, ich habe nichts dazu getan ...«).
3. Das ist *keine Vertröstung.* Der Verfasser der Johannesoffenbarung sieht sehr genau den realen Lebenshintergrund seiner Gemeinden. Es ist die Situation der Verfolgung unter Kaiser Domitian; es ist die Auseinandersetzung mit konkurrierenden religiösen Strömungen; es ist hier konkret der Streit mit »des Teufels Synagoge«. In dieser Lebenssituation hat sich ihr Glaube zu bewähren. Die christliche Gemeinde, die auf das Kommen des Herrn wartet, ist ihrer Verantwortung für die Welt und den dadurch gegebenen Auseinandersetzungen nicht enthoben (vergl. dazu auch »Annäherungen«: »Darum freue ich mich umso mehr, wenn ich jemanden kenne, dem ich meine Geheimnisse und Probleme anvertrauen kann. Davon müßte es mehr Menschen geben. – Oder ist es bequemer, die Tür einfach abzuschließen?«). Von der harten Wirklichkeit des Streits und der verschlossenen Türen kann nicht durch den Blick aufs Jenseits abgelenkt werden.
4. Zugleich gilt jedoch: Angesichts der eschatologischen Erfüllung werden nicht nur die enttäuschenden Erfahrungen angesichts »kleiner Kraft«, sondern auch *die bedrohenden Mächte* von Politik, Wirtschaft, Gegenkultur, *relativiert.*
5. Ich fasse zusammen: In der Predigt möchte ich die Realität von Widerstand, Streit und Auseinandersetzung – von geschlossenen Türen – nicht leugnen. Ich will ihr begegnen mit dem Grundtenor des Textes, der von Hoffnung, Trost und Zuversicht spricht: Der Liebesbrief ist geschrieben. Die Tür ist offen.

Vorschläge zur Liturgie

Zum Eingang
Jesus sagt: Ich bin der Weg für dich.
Und so kommen wir, Christus zu folgen.
Jesus sagt: Ich bin die Wahrheit für dich.

Und so kommen wir, um im Licht zu wohnen.
Jesus sagt: Ich bin das Leben für dich.
Und so kommen wir und leben mit ihm.
oder:
Jesus sagt: Ich bin die Tür für dich.
Darum: Seht auf und erhebt eure Häupter. Eure Erlösung ist nah.
(nach Wochenspruch zum 2. Advent, Lk 21,28)

Glaubensbekenntnis

Laßt uns unseren Glauben bekräftigen:
Wir glauben an Jesus Christus,
Sohn des einen Gottes,
Schöpfer und Bewahrer von Erde, Meer und Himmel.

Im Glauben an Gott den Vater
heilte Jesus die Kranken,
diente er den Armen
und rief den Himmel auf Erden aus.

Verurteilt durch die Frommen,
gekreuzigt durch den Staat,
starb er –
aber er verwandelte sogar den Tod
und stand auf zum ewigen Leben.

Er segnete die Jünger und Jüngerinnen
mit seinem Heiligen Geist und
sandte sie nach Ost und West, Nord und Süd.

Wir entscheiden uns für Jesus,
für einander als Brüder und Schwestern
und für seinen Auftrag, ihn zu bekennen.
Dabei vertrauen wir auf seinen Heiligen Geist.
Amen.

Zum Abschluß (auch im Wechsel zu sprechen)

A: Schau auf deine Hände,
sieh und fühle Berührung und Zärtlichkeit.

B: Gott liebt diese Welt.

A: Schau auf deine Füße,
sieh den Weg und die Richtung.

B: Gott liebt diese Welt.

A: Schau auf dein Herz,
Sieh das Feuer und die Liebe.

B: Gott liebt diese Welt.

A: Schau auf das Kreuz,
sieh Gottes Sohn und unseren Retter.
B: Gott liebt diese Welt.
A: Das ist Gottes Welt.
B: Und wir wollen uns in ihr auf Gott verlassen
und tun, was er von uns erwartet.
A/B: Amen

Segen
Zu Deinem Segen werde uns, Gott:
die Sonne über uns;
die Erde unter uns;
die Freunde und Freundinnen bei uns;
dein Abbild tief in uns.
Amen
(alle Texte - leicht geändert - nach: Das kleine Gottesdienstbuch. Liturgien der Iona-Kommunität in Schottland. ed. Beratungsstelle für Gestaltung von Gottesdiensten und anderen Gemeindeveranstaltungen, Frankfurt 1992)

Lieder
Ich nehme das Bild von der geöffneten Tür auf und schlage die folgenden Lieder vor: EG 166 (Tut mir auf die schöne Pforte); EG 197 (Herr, öffne mir die Herzenstür); EG 389 (Ein reines Herz, Herr, schaff in mir); EG 1,5 (Komm, o mein Heiland Jesu Christ); EG 163,3 (Unsern Ausgang segne Gott).

Vorschläge zur Predigt

Möglicher Predigtanfang
»Draußen vor der Tür«, heißt ein Theaterstück von Wolfgang Borchert. Es ist die Lebensgeschichte des Mannes Beckmann. Beckmann ist aus dem Krieg heimgekehrt. Beckmann ist zerstört am Leib und in seinen Empfindungen.
Er sieht die anderen an: Sie freuen sich. Sie sind traurig. Sie hassen und lieben einander. Beckmann kann sich nicht mehr freuen. Er kann nicht mehr traurig sein. Er ist stumpf geworden. Er kann nicht fühlen wie sie und nicht so empfinden. Er steht draußen. Diese Tür ist ihm verschlossen.
Er kommt nach Hause und findet seine Frau bei einem anderen Mann. Da geht er wieder, unbemerkt. Wie ein Fremder ist er gekommen, wie einer, der gar nicht dazugehört. Er bleibt ausgesperrt.
Er findet seinen alten Oberst. Der hat seine Familie wieder. Der ist nicht alleingelassen wie er. Und der versteht ihn überhaupt nicht. Sie finden keinen Zugang zueinander. Er sucht das Haus, in dem er aufgewachsen ist.

Seine Eltern haben bis zuletzt dort gewohnt. Das Haus steht noch. Er tritt an die Tür. Er sucht das Namensschild. Es ist abmontiert. Ein Fleck im Lack zeigt, wo es hing. Sein Name ist weggenommen. Ein fremdes Pappschild hängt daneben. Er klingelt. Er wird an der Tür abgefertigt. Man macht ihm klar, daß das nicht mehr sein Haus ist. Ihm bleibt die Tür verschlossen.

Zum weiteren Verlauf

1. Auch in unserer Lebenssituation stehen wir immer wieder vor verschlossenen Türen:
- zu wenig Kraft und Durchsetzungsvermögen. Unsere eigenen Ideen, Phantasien und Hoffnungen können nicht umgesetzt werden (Texthintergrund: »Denn du hast eine kleine Kraft«).
- zu viel Auseinandersetzung, Polemik und Streit. Die Kirche verliert Mitglieder, Gemeinden spalten sich. Die eigene Position wird in Frage gestellt (Texthintergrund: »des Teufels Synagoge«).
2. Reizen verschlossene Türen nicht auch zum Öffnen? Sind sie nicht auch Ansporn zum Dahinterschauen?
- Beharrlich fließendes Wasser löst den harten Stein. Auf die Dauer überzeugt geduldiges und beständiges Argumentieren (Texthintergrund: »Weil du bewahrt hast das Wort von meiner Geduld ...«).
- Auseinandersetzung fördert das Nachdenken über die eigene Position und über die des Gegenübers. Das bringt Klarheit und erfordert Einfühlung. Aus Streit kann verbindliches Streiten werden (Texthintergrund: »Du hast mein Wort behalten und meinen Namen nicht verleugnet).
3. Verschlossene Türen können von beiden Seiten geöffnet werden. Manchmal steckt der Schlüssel auf der Gegenseite.
- Das ist eine Erfahrung zwischen Menschen.
- Das ist *die* Erfahrung unseres Textes (Texthintergrund: Siehe, ich habe vor dir gegeben eine offene Tür). Die Tür zu Gott – die Beziehung zu Gott als Grundlage unseres Lebens – wird von ihm durch Jesus Christus geöffnet. Wo unsere Kraft gering ist, will er unterstützen; wo wir von Unfrieden überzogen sind, will er zum Frieden anregen. Dies geschieht angesichts der Verheißung der endzeitlichen Wiederkehr Christi, der grundsätzlich geöffneten Tür des Hauses Gottes.
4. Aus der Erfahrung, von Gott geliebt und in sein Haus aufgenommen zu sein, kann die Haltung gegenseitiger Achtung und Würdigung und der Impuls zu verantwortlichem und geschwisterlichem Umgang miteinander entstehen.

Möglicher Schluß

Ob wir als Kinder Gottes geschwisterlich in seinem Haus leben können? Die Tür ist offen. Der Weg hindurch will freilich gegangen sein. Es ist ein Weg durch den Alltag, durch unsere Gegenwart, beleuchtet von der kommenden Gegenwart Christi. Ob wir auf diesem Weg durch unseren Alltag

Schritte wagen für Begegnungen, die bestimmt sind von gegenseitiger Achtung und Würdigung? Es sind oft kleine Schritte. Aber es sind Schritte, die Gottes Offenheit für uns in unserem Haus abbilden … Vielleicht kann uns die abschließende Geschichte dazu ein Hinweis sein:

»Rainer Maria Rilke ging in der Zeit seines Pariser Aufenthaltes regelmäßig über einen Platz, an dem eine Bettlerin saß, die um Geld anhielt. Ohne je aufzublicken, ohne ein Zeichen des Bittens oder Dankens zu äußern, saß die Frau immer am gleichen Ort. Rilke gab nie etwas, seine französische Begleiterin warf ihr häufig ein Geldstück hin. Eines Tages fragt ihn die Französin verwundert, warum er nichts gebe. Rilke antwortete: »Man müßte ihrem Herzen schenken, nicht ihrer Hand.«

Wenige Tage später brachte Rilke eine eben aufgeblühte Rose mit, legte sie in die offene, abgezehrte Hand der Bettlerin und wollte weitergehen. Da geschah das Unerwartete: Die Bettlerin blickte auf, sah den Geber, erhob sich mühsam von der Erde, tastete nach der Hand des fremden Mannes, küßte sie und ging mit der Rose davon. Eine Woche lang war sie verschwunden. Der Platz, an dem sie vorher gebettelt hatte, blieb leer. Nacht acht Tagen saß sie plötzlich wieder wie früher an der gewohnten Stelle. Sie war stumm wie damals, wiederum nur ihre Bedürftigkeit zeigend durch die ausgestreckte Hand. »Aber wovon hat sie denn in all den Tagen gelebt?« fragte die Französin. Rilke antwortete: »Von der Rose.« (nach Dietmar Rost / Joseph Machalke, Auf der Durchreise, Gütersloher Verlagshaus, Gütersloh 1983)

Kontexte

Zum Stichwort »Du hast mein Wort behalten«:

fleisch wie gras
mensch wie blume
güte wie gras
wort wie blüte
gras verdorrt
blume verwelkt
wort verstummt
güte vergeht
mensch verfällt

gottes wort bleibt
gottes wort blüht
von mund zu mund
von güte zu güte
von zeit zu zeit
von mensch zu mensch
von leben zu leben

ewig

(aus: 'kurt wolff, 27 lesetexte sehtexte gebrauchsmeditationen', Neukirchener Verlag, Neukirchen-Vluyn 1973. Rechte beim Autor.)

Zum Stichwort »verschlossene Tür«:
R. M. Rilke, Der Panther, in: R. M. Rilke, Gesammelte Gedichte, Insel-Verlag, ohne Ort, S. 261

3. Sonntag im Advent

Annäherungen an den Predigttext Offenbarung 3,1-6

Bernhard von Issendorff

Gesprächspartner waren eine Runde junger Lehrerinnen und Lehrer. Ihre Fachkompetenz in Fragen ihres zweiten Faches neben Religion kommen in Detailfragen zu Wort.

1. Runde: Annäherungen von Außen

1. Sardes: Einst Mittelpunkt des reichen Lyderreiches (Krösos), gehörte dann zu Pergamon, erlebte im römischen Reich eine neue Blüte. Berühmt war der riesige Artemistempel, der niemals vollendet wurde, im 2. Jahrhundert zu einem Doppeltempel Artemis / Faustina wurde.
2. Nicht unterschlagen werden soll, daß der Tempel den 499 zerstörten Tempel der Kybele ersetzte. Kybele ist die große Erdmutter, Artemis die Göttin der Jagd, Faustina der Name zweier vergöttlichter Kaiserinnen des 2. Jahrhunderts. Sardes war ein Ort der Mutterfrömmigkeit. Ist dies für unseren Text von Bedeutung?
3. Sardes besitzt ein großes Gräberfeld, darunter der 70 Meter hohe Tumulus des Alyattes. Nimmt darauf der Brief an Sardes Bezug: »Du hast den Namen, den du lebst, und du bist tot.«?
4. Alyattes war der Vater des Krösos, der von Delphi den Rat bekam, wenn er Persien angriffe, werde er ein großes Reich zerstören. Er wurde geschlagen, nach der Einnahme von Sardes durch Kyros II. gefangen genommen.
   Reich sein und doch nicht leben, da ist ein Motiv, das uns mit Sardes verbindet.

1. Der Dieb in der Nacht, so wird der Messias kommen. Paulus hat diesen Ausdruck für den Tag des Herrn gebraucht (1 Thess. 5,2). Mt hat dieses Bild ebenfalls (Mt 24,43), ebenso der späte 2. Petrusbrief (2 Pt 3,10).
2. Ich habe damit meine Schwierigkeiten, daß Gott, der Messias, der Tag des Herrn mit einem kriminellen Handeln verglichen wird. Unsere Gerechtigkeit hat offensichtlich sehr wenig mit Gottes Gerechtigkeit zu tun.
3. Die besudelten Kleider stehen den weißen gegenüber. Wodurch sind die Kleider besudelt? Mit Blut, mit Körperausscheidung? Ich habe

gelesen, daß in Qumran solche Kleider kultisch gereinigt werden mußten, weil sie unrein machten, jeden der sie berührte.

4. Weiße Kleider, da muß ich an die Taufkleider denken. Sie sind ein Zeichen der Reinheit, die durch die Taufe geschenkt wird.
3. Waren die besudelten Kleider verunreinigte Taufkleider? Oder sind es Kleider, die zur Taufe ausgezogen und abgetan werden konnten.
4. Es sind die Kleider derer, die aus der Trübsal kamen und ihre Kleider im Blute des Lammes gewaschen haben (Offb 7,13 f.)
3. Mit diesem Bild komme ich nicht zurecht.

2. Runde: Betroffenheit

1. Ich komme da in dem Brief vor, wo von denen die Rede ist, die dem Namen nach leben und doch tot sind.
2. Wie kann ich aufwachen? Ist der Weg, sich um andere zu kümmern, der Weg aus der Lethargie?
3. Lenkst du durch deine Zuwendung zu anderen von der eigenen Leere ab oder gibt es Selbsterkennen nur im anderen?
4. Mit scheint V. 3 sehr rückgewandt: Daran denken, wie man empfangen und was man empfangen hat und festhalten. Das soll Buße sein? Buße ist für mich Aufbruch zu neuen Ufern.
1. Als Getaufte dennoch die Taufe vor sich haben, das ist vielleicht die gemeinte Buße.
2. Wen oder was soll ich überwinden? Mein bisheriges Leben? Die Welt des Krösos? Die Welt der Gräber? Der Prediger oder die Predigerin wird sich für die Gemeinde entscheiden müssen.
3. Im Buch des Lebens stehen, weil Gott sich zu uns bekennt. Wie wird die mythische Rede konkret?
4. Die frommen Juden grüßen sich zwischen Neujahr und Simchat Tora, dem Fest der Freude über die Gabe der Weisung: »Mögest du eingeschrieben sein zum Guten im Buch des Lebens.«

Zum Gottesdienst

Christian Schad

Exegetisch-homiletische Skizze

Ernst Käsemann hat recht: »Buß- und Gerichtspredigt« ist der cantus firmus der Johannes-Apokalypse, auch und besonders im fünften der sieben sogenannten »Sendschreiben«, unserer Perikope Offb 3,1–6 (vgl. ders., Der Ruf der Freiheit, Verlag J. C. B. Mohr (Paul Siebeck), Tübingen 1972[5], S. 226). Die Gemeinde in Sardes:

äußerlich, ihrem Schein nach, Abbild des sagenumwobenen Königs Krösus – »du hast den Namen, daß du lebst« – in Wahrheit, im Urteil des Christus aber, ist sie tot. Nicht im übertragenen Sinne bloß, sondern wirklich »tot« (Vers 1). Die Ursache der Krise, sie liegt nicht extern, ist nicht durch äußeren Druck bedingt; vielmehr bedroht sich die Gemeinde selbst, sie, die sich einen Namen gemacht hat und Baumeisterin ihres Lebens sein will (vgl. 1. Mose 11,1–9), gerade darin aber, mitten in der Prallfülle, im gleißenden Licht ihres Glanzes, ans Ende und ins Aus gelangt und kollabiert ist. Inmitten des Lebens sind wir im Tod: media vita in morte sumus.

Nicht, daß sie keine Werke, keine Aktivitäten, keine Betriebsamkeit vorzuweisen hätte, im Gegenteil! Aber »vor Gott« (Vers 2) taugt der Erfolg, taugt der Ruhm, taugt und trägt der selbsterwirtschaftete Name nicht. Die ganze Richtung ist verkehrt. Buße, Umkehr ist angesagt. Allein auf diese Ansage, auf diesen Weckruf (vgl. Verse 2 ff.) ist sie angewiesen, schlechthin angewiesen. Wie anders sollte die Todgeweihte auch auferstehen, geschweige denn eine andere Richtung einschlagen können? Jener schöpferische Ruf bewegt, ver-setzt sie (vgl. Vers 3): vom Ort der Betriebsamkeit in die Stille, vom Ort ichsüchtiger Aktionen in den Glauben, vom Ort der Selbsternennung und Selbstinthronisation in den Stand verliehener, königlicher Würde: eines ihr von außen her zugesprochenen Namens (vgl. Verse 1, 4 und 5). Der vom Anfang, vom Uranfang, vom Erzanfang abgefallene und insofern entwurzelte, sich selbst und Gott gegenüber entfremdete Mensch: der homo incurvatus in se wird durch das Wort des Christus – gleichsam sakramental – wieder in den Ursprung, ins Bild, in die imago Dei gesetzt. Der Ruf selbst ist Einsetzungswort. Und sein Wohin, sein Telos ist der kreatürliche, im Einklang mit sich und seinem Schöpfer und seinen Mitgeschöpfen ek-sistierende Mensch: der homo audiens (der hörende Mensch).

Darum gründen die in den Versen 2 und 3 gehäuft auftretenden Imperative (»Werde wach!«, »Stärke den Rest!«, »Gedenke!«, »Bewahre!«, »Kehre um!«) allesamt in der Anamnese, im Hören auf das Evangelium. Umkehr, Buße-tun meint: sich erinnern, Rückkehr zur einst empfangenen Tradition als Tor zur Zukunft, zum Wort, zur Quelle des Lebens. Und diesen Weg zurück erfahren als aktuell und gegenwärtig sich vollziehenden Durchbruch und Aufbruch, als »Aufbruch zu neuen Ufern« (vgl. die »Annäherungen«), als Kehre und Wende, als Schritt vom Tod ins Leben. Creatio ex nihilo. Neu-geschaffen-Werden in der Kraft und Vollmacht dessen, der von sich selbst sagt: »Ich bin der Erste und der Letzte und der Lebendige. Ich war tot, und siehe, ich bin lebendig in alle Ewigkeit; und ich habe die Schlüssel des Todes und der Hölle« (Offb 1,17 f.).

Buße ist Einkehr in die Lebensform gewährter Rezeptivität und insofern nichts als Gnade. Reines Empfangen! Hören, Vernehmen, Übernehmen, Annehmen – und Bewahren (vgl. die Verben in Vers 3). Deshalb steht die die Notwendigkeit der Metanoia (Umkehr) unterstreichende Warnung: »Wie ein Dieb werde ich kommen« (Vers 3) ganz im Zeichen eschatologischer Verheißung: »Ich werde seinen Namen nicht aus dem Buch des Lebens tilgen!«, »Ich will mich zu seinem Namen bekennen vor meinem Vater und vor seinen Engeln!« (Vers 5). Unübersehbar, sinnlich, leiblich malen uns die Bilder, die »weißen Kleider«, das »Buch des Lebens«, das Sakrament des Anfangs vor Augen (vgl. dazu die Ausführungen in den »Annäherungen«). Sie erinnern uns wieder und wieder an das, was der Reformator in Zeiten äußerster Bedrängnis und Anfechtung mit weißer Kreide vor sich auf den Tisch geschrieben hat: »Baptizatus sum«, »Ich bin getauft auf deinen Namen«. Und darin den einzigen Trost finden, im Leben und im Sterben: »daß ich mit Leib und Seele ... nicht mein, sondern meines getreuen Heilands Jesu Christi eigen bin« (vgl. Heidelberger Katechismus, Frage 1). Auf seinen Namen getauft, unter seinem Schutz geborgen und

eingeladen, sich an dem Namen genügen zu lassen, mit dem ich von der Taufe her schon aufgeschrieben bin im Buch des Lebens. In dieser Gewißheit entlastet von dem Wahn, sich unentwegt aus seinen Leistungen, und zwar den moralischsten, einen Namen zu machen und darin immerfort bestrebt, sich selbst zu stärken; vielmehr befreit dazu, selbstvergessen auf den anderen, auf den am Wegesrand Liegenden zuzugehen und »zu stärken, zu kräftigen, was sterben will« (Vers 2).
»Wer Ohren hat«, zu hören, »der höre, was der Geist den Gemeinden« - den Gemeinden (!), nicht nur derjenigen in Sardes - »sagt!« (Vers 6). Ja, der Geist, der Heilige Geist, der Schöpfergeist spricht, er benutzt als Gefährt das mündliche Wort, das tut, was es sagt, und sagt, was es tut. So, umgeben von lauter Zusagen, Wort vom Wort, kommt er auf dich zu und schenkt, gibt, teilt aus, spendet Leben, neues Leben, ewiges Leben, Leben - »umsonst« (Offb 22,17). Gott kommt (vgl. Vers 3). Gott kommt im Wort. Gott kommt im Wort des Lebens. In den Genuß dieses göttlichen Advents gelangt, wer sich seinerseits aufs Hören, aufs Nehmen, aufs Vernehmen versteht; denn Nehmen ist seliger denn Geben. Darum: »Wer Ohren hat zu hören, der höre!«
Dem inneren Fortgang des Textes, wie er sich uns nun darbietet, folgend, legt sich im Blick auf die Predigt m. E. die äußere Form der sogenannten Kunsthomilie nahe, ist sie doch am ehesten geeignet, solchen Perikopen gerecht zu werden, in denen *ein* dominierendes Thema - hier das der Umkehr zum Leben - gerade im Fortgang der einzelnen Verse sukzessive zur Entfaltung kommt. Im Einklang mit der violetten Farbe gerade des 3. Adventssonntages soll so etwas wie eine evangelische Bußpredigt gewagt werden.

Vorschläge zur Liturgie

Biblisches Eingangswort
Bereitet dem Herrn den Weg; denn siehe, der Herr kommt gewaltig. (Jes 40,3.10)
oder
Introitus-Psalm
Ps 85,2-8

Alttestamentliche Lesung
Jes 40,1-8 (9-11), evtl. auch (vom Chor) gesungen: »›Tröstet, tröstet‹, spricht der Herr« (EG 15)
Neutestamentliche Lesung
1. Kor 4,1-5 (Epistel) / Mt 11,2-6 (7-10) (Evangelium)

Eingangsgebet
Wir bitten dich, lieber Herr und Gott: / Mach uns bereit für das Kommen deines Sohnes. / Erwecke uns aus unseren angstvollen und eigenwilligen Träumen, / damit wir aufstehen vom Schlaf / und die gnädige Gegenwart deines Advents erfahren. / Mach uns zu Menschen des Tages, die deinem Sohn hörend, vertrauensvoll und mit Taten der Liebe freudig entgegenge-

hen / und Wegbereiter deines Reiches werden. / Durch unseren Herrn Jesus Christus, / deinen Sohn, / der mit dir in der Einheit des Heiligen Geistes / lebt und regiert / von Ewigkeit zu Ewigkeit. / Amen.

(nach Hans-Jürgen Quest, in: ders., Gott läßt mit sich reden. Gebete für den Gottesdienst, Johannes Stauda Verlag, Kassel 1983, S. 40)

Schlußgebet

Heiliger, Wahrhaftiger, / du kommst, Rechenschaft zu fordern, / und wir erkennen beschämt: / Du hast uns reich beschenkt und geehrt. / Du erträgst uns, / obwohl du weißt, / wie klein unsere Kraft, / wie ohnmächtig unsere besten Gedanken. / Du machst uns Mut zu uns selbst, / schaffst, / daß wir uns nicht hoffnungslos überfordern / in Beruf, / in Ehe, / im Dienst der Kirche, / im Leben der Völker. / Du trägst uns, starker Gott, / wenn unsere Kräfte / nicht mehr genügen. / Trage auch die Verlobten, / die diese Woche heiraten wollen. / Trage die Verstorbenen / über die Schwelle des Todes, / ja, ihn auch, den Mörder und Selbstmörder, der sich selbst nicht kennen wollte, / seine Ohnmacht; / warum hat ihm niemand beigestanden, Herr, / deinen Namen rechtzeitig leuchten lassen / in sein verfinstertes Herz? / Hilf, / daß wir dir mit unserem Leben keine Schande machen, / daß wir das verschwiegene Geheimnis deines Namens tragen / entschieden, geduldig, / überall, wo wir hinkommen, / Du Wort des Lebens, / das stärker ist, als alles wüste Geschrei, / stärker, als die starken Männer, / die nur stark sind für sich, / stärker, als die Waffen, / die nur vernichten können. / Du kannst heilen, versöhnen, / auch uns, / Du wirst es tun. / Amen.

(nach Kristlieb Adloff, in: ders., Erhebungen. Gemeindegebete für das Kirchenjahr, Verlag Vandenhoeck und Ruprecht, Göttingen 1978, S. 24 f.)

Liedauswahl

Eingangslied: »Gottes Sohn ist kommen« (EG 2,1–4); falls im Gottesdienst, was besonders sinnenfällig wäre, eine Taufe stattfindet, schlage ich als Tauflieder vor: »Ich bin getauft auf deinen Namen« (EG 200,1+2+4) und »Nun schreib ins Buch des Lebens« (EG 207); Kanon vor der (zwischen den) Schriftlesung(en): »Kehret um, kehret um, und ihr werdet leben« (EG 650 = Regionalteil Baden, Elsaß und Lothringen, Pfalz); Lied vor der Predigt (Wochenlied): »Mit Ernst, o Menschenkinder« (EG 10); Lied nach der Predigt: »Komm, Feuer Gottes, Heilger Geist« (EG 127,4–6); Schlußlied: »Die Nacht ist vorgedrungen« (EG 16)

Vorschläge zur Predigt

Möglicher Anfang

Liebe Gemeinde! Die eher unbedeutende Stadt Sardes im Westen Kleinasiens – längst vergangen sind die Zeiten, da der sagenumwobene König Krösus an ihrer Spitze stand –, Sardes, nein, genauer, präziser: die in ihr lebende christliche Gemeinde, sie ereilt das Schicksal aller Städte. Sie ereilt das Schicksals Babels. Nicht die Polis, nicht die weltlichen Größen, sondern die Kirche, die Christen, die Getauften: Ich und du, *wir* werden mit Babel, wir werden mit den »Menschenkindern« von 1. Mose 11 verglichen: »Wohlan! ... Wir wollen einen Turm bauen, dessen Spitze bis an den Himmel reicht, damit wir uns einen Namen machen!« Oder – im Ton des eben verlesenen Sendschreibens: »Du hast den Namen, daß du lebst«, »glanzvoll dein Name, da lebt's, aber ...«. Nicht von bösen Machenschaften, erst recht nicht von unmoralischen Taten ist hier die Rede. Im Gegenteil! »Sich einen Namen machen«, nicht irgendeinen, sondern den »Namen des Lebens«, da steckt Arbeit, da steht Leistung, rastlose Vitalität dahinter. »Sich den Lebens-Namen machen« heißt soviel wie: sich selber machen. Unentwegt darauf aus, leben zu wollen, Leben zu haben, um es dann auch vorzeigen und demonstrieren zu können. Nicht nur ein bißchen Leben, nicht nur Leben als Verheißung, sondern hier und jetzt: lebendige, wachsende, dynamische Gemeinde sein. Und darun Leben, *das* Leben, Leben in Fülle erwirken. Sich zusammentun, Hand in Hand legen, sich auf eine gemeinsame Strategie einigen. Und wenn jeder und jede nur im Blick aufs Ganze, eingefügt ins Team, sein, ihr Ziegelsteinchen brennt, hart brennt, dann muß das Werk gelingen. *Das* Werk! Endlich kein Flickwerk mehr, sondern das vollkommene, Verwirklichung des Lebens, Leben schlechthin: »Wohlan!«

Zum weiteren Verlauf

1. »Du hast den Namen, daß du lebst, doch in Wahrheit: tot bist du«, so lautet das göttliche Urteil. Tot, nicht bloß scheintot, sondern wirklich tot! Betrieb – aber kein Leben. Wind – aber kein Geist. Viel los – aber lieblos bleibt der Unscheinbare am Wegesrand liegen. Große Programme – aber kein Glaube. Jetzt um Gottes willen nicht diesen oder jenen Schuldigen ausfindig machen! Mit dem Finger auf andere zeigen, das gilt nicht: angesichts des göttlichen Richterspruches. Ich und du, *wir* sind gemeint. Wir Kirchenleute, die wir auch in diesem Jahr wieder von einer Adventsfeier zur anderen hasten, um es ja allen recht zu machen, alle adventlichen Erwartungen der »Mitglieder«, wie es heißt, zu erfüllen. Überhaupt scheint die große Chance der Volkskirche genau darin zu liegen: die Bedürfnisse des religiösen Menschen zu befriedigen. Offensiv, attraktiv, effektiv. Mithalten, mitreiten auf dem Karussell der Weihnachts- und sonstiger Märkte. Mithalten, so gut es geht. Und ja nicht aussteigen. Dem Rad der Zeit nicht in die Speichen fallen. Nicht ausruhen, nicht lassen und loslassen, nicht stille sein. Überhaupt, weißt du's noch nicht: der Sonntagsgottesdienst sei ein Auslaufmodell, zu zweit sei nur schwächlich psalmodieren! Nein, nicht Passion, sondern Aktion, nicht Buße-tun, nicht elementare Unterbrechungen, nicht Schuld wahr-nehmen ... Wo blieben sie eigentlich, unsre glaubwürdigen, ehrlichen Proteste, als man

mir nichts, dir nichts den Bußtag aus dem Kalender strich?... Nein, nicht Einkehr, nicht Ruhe, nicht Sich-dienen-Lassen, sondern selbst dienen! Sinn stiften. Erschütterungen, Unterbrechungen, die aufhorchen lassen könnten, Krisen, gegenwärtige und vergangene, sogleich zudecken, bearbeiten und verarbeiten, gar bewältigen. Da hinein, mitten hinein, paukt der Donnerschlag. Senkrecht von oben ertönt die Loyalitätsfrage: Gott oder die Götzen, Christus oder unsere Spekulationen und Wünsche, Gottes Geist oder mein Aktionismus?

2. Aber der Schlag, die Frage, die Erschütterung: Unsere und meine Infragestellung schreitet fort zum Weckruf. Wozu? Daß wir uns als Todgeweihte, paradox genug, erneut aufraffen und uns einen Ruck geben sollen? Nein. »Erinnere dich, gedenke, vergegenwärtige, was du empfangen, im Anfang empfangen und gehört hast, halte daran fest und kehre um!« Dieser Ruf, diese geballte Kraft der Erinnerung ist es, die uns aufweckt, Zukunft schenkt, immer und immer wieder. Denn der da spricht, »das sagt, der die sieben Geister Gottes hat«: dem die ganze Schöpfermacht des göttlichen Geistes zu Gebote steht. Des Geistes, der über den Wassern der Urflut und des Chaos brütet und die gestaltete Welt ins Leben ruft. Des Geistes, der über das Totenfeld bläst und Leben schafft aus dem Tod. Des Geistes, der ruft dem, das da nicht ist, daß es sei. Des Geistes, der auch dem geistlichen Tod, dem Tod mitten im Leben, ins Gesicht springt und ihn niederzwingt. Der in der Kraft dieses Geistes steht, der spricht: »Werde wach!«
3. Ob wir aus Handelnden und Habenden noch einmal Seiende werden, die staunend ihrer selbst ansichtig werden? Ob wir uns selbst noch einmal als Gottes Kinder entdecken werden: als neugeborene Kinder, die für ihr eigenes Leben nichts, aber auch gar nichts tun können? Ob wir endlich entdecken, daß all unser Tun aus einem Nicht-Tun hervorgehen muß, wenn es nicht - gerade durch seine Erfolge - zerstörerisches Tun sein soll, sondern hilfreiches, achtsames Tun, das den Schwachen stärkt?

Möglicher Schluß
»Wo Er spricht, da geschieht's.« Da werden wir ganz Ohr und hören, nehmen, vernehmen: Hier, hier *ist* das Brot, hier *ist* das Leben, das ihr eigentlich wollt, auf das ihr eigentlich aus seid, um das ihr euch müht und bemüht - und doch nicht bekommt. Hier ist's, nehmt's an, indem ihr hört! Denn im Hören, im Hören allein, wird euch Leben zugesagt, das Er schenkt und nur als Geschenk zu haben ist.
Leben, eigentliches Leben, Leben in Fülle ist: auf dieses Wort hören, dieser Zusage trauen, ihr vertrauen im Leben und im Sterben. Hören und Gehörthaben von dem ewigen Bund, der bleibenden Bindung und Verbindung, die Gott mit uns Menschen schließt, in der Taufe einem jeden von uns zugesagt, anfänglich, und als unverwelkliches Erbe versprochen: »Ich (Gott) habe dich bei deinem Namen gerufen, du bist mein«: »Nicht werde ich dei-

nen Namen tilgen aus dem Buch des Lebens, und laut will ich deinen Namen bekennen vor meinem Vater und vor deinen Engeln!« Sich daran genügen zu lassen, sich an dieser einzigartigen königlichen Würde zu freuen, von Gott in hörbarer, verständlicher, menschlicher Sprache beim Namen gerufen zu sein auf ewig - und ihn wiederum anrufen zu können und anrufen zu dürfen, und in solchem Hören und Anreden förmlich versetzt, über sich selbst hinausgehoben zu werden und aus der Gefangenschaft, der eigentlichen babylonischen Gefangenschaft, aus der Verkrümmung des Menschen und der Kirche in sich selbst befreit zu werden, das heißt: Umkehr, Buße. Vom Tod ins Leben hindurchgeschritten, hindurchgerettet worden zu sein in der Kraft dessen, der von sich selber sagt: »Ich bin der Erste und der Letzte und der Lebendige. Ich war tot, und siehe, ich lebe von Ewigkeit und Ewigkeit und habe die Schlüssel des Todes und der Hölle.« So spricht der Christus Gottes. Laut und vernehmlich spricht er zu uns und für uns - und ist kein leeres Wort, denn keine Tat ist mehr Tat als sein Wort, das tut, was es sagt, und sagt, was es tut an dem, der darauf hört. »Maranatha!«, »Komm, Herr Jesu!«, so rufen wir im Advent. Und Er antwortet: »Kommt, denn es ist alles bereit, schmecket und sehet, wie freundlich der Herr ist!« - Wer Ohren hat zu hören, der *höre!* Amen.

Kontext

Es geht nicht darum, Vergangenheit zu bewältigen. Das kann man gar nicht. Sie läßt sich ja nicht nachträglich ändern oder ungeschehen machen. Wer aber vor der Vergangenheit die Augen verschließt, wird blind für die Gegenwart. Wer sich der Unmenschlichkeit nicht erinnern will, der wird wieder anfällig für neue Ansteckungsgefahren. Das jüdische Volk erinnert sich und wird sich immer erinnern. Wir suchen als Menschen Versöhnung. Gerade deshalb müssen wir verstehen, daß es Versöhnung ohne Erinnerung gar nicht geben kann. Die Erfahrung millionenfachen Todes ist ein Teil des Innern jedes Juden der Welt, nicht nur deshalb, weil Menschen ein solches Grauen nicht vergessen können. Sondern die Erinnerung gehört zum jüdischen Glauben. *Das Vergessenwollen verlängert das Exil, und das Geheimnis der Erlösung heißt Erinnerung.* Diese oft zitierte jüdische Weisheit will wohl besagen, daß der Glaube an Gott ein Glaube an sein Wirken in der Geschichte ist. Die Erinnerung ist die Erfahrung vom Wirken Gottes in der Geschichte. Sie ist die Quelle des Glaubens an die Erlösung. Diese Erfahrung schafft Hoffnung, sie schafft Glauben an Erlösung, an Wiedervereinigung des Getrennten, an Versöhnung. Wer sie vergißt, verliert den Glauben. (Richard v. Weizsäcker, Der 8. Mai 1945 - 40 Jahre danach, in: ders., Von Deutschland aus. Reden des Bundespräsidenten, Wolf Jobst Siedler Verlag, Berlin 1985, S. 20f.)

4. Sonntag im Advent

Annäherungen an den Predigttext Jesaja 52,7-10

Klaus von Mering

Der auffälligste Kommentar, den ich zu diesem Text eingeholt habe, lautete - Schweigen. Zigfaches, ja hundertfaches Schweigen.
Das lag nicht an der Methode. Die Art zu fragen hatte sich bei gleichem Anlaß im Vorjahr unzweifelhaft bewährt: Ich lege den Text, verbunden mit einigen persönlichen Impulsfragen, in unserer Inselkirche aus. Damals waren die Rückmeldungen so zahlreich, daß ich die Aktion vorzeitig abbrechen mußte, um nicht in Zetteln zu ertrinken. Und diesmal: Schweigen! Mindestens 1000 mehr oder weniger flüchtige Besucher müssen den Zettel in die Hand genommen und wenigstens überflogen haben. Mehr als 100 haben ihn auch mitgenommen, sicher in der Absicht, zu gegebener Zeit zu reagieren. Eintragungen in unserm Gästebuch, das direkt daneben lag sowie die Zahl mitgenommener Predigtmanuskripte vom gleichen Tisch bieten nach der Erfahrung vieler Jahre einen verläßlichen Indikator. Ergebnis: zwei Antworten, sichtlich bemüht.
In einem zweiten Anlauf habe ich den Zettel dann noch einmal ca. 300 Rundbriefen beigefügt. Alle Empfänger dürfen, auch bei vorsichtiger Einschätzung, dem Lager der »kirchlich Interessierten« zugerechnet werden. Rücklauf: 3 Antworten.
Schließlich habe ich den Text noch einer Konfirmandengruppe vorgelegt. Antwort: Achselzuckendes Schweigen. Wiederholtes Drängen produzierte schließlich ein paar formale Äußerungen wie »komisch« oder »schwer verständlich« bzw. es kam zu den unter Jugendlichen dieses Alters typischen Ausweichmanöver wie Kichern und Balgen.
Lassen sich aus diesem Schweigen dennoch einige verwertbare Schlüsse für das Predigen über diesen Text ziehen? Auf jeden Fall wird die Predigerin, der Prediger gut tun, anzunehmen, daß die Lesung des Jesajatextes bei den Zuhörern mehrheitlich nicht einmal Ratlosigkeit hinterlassen hat, geschweige denn eine konkret zustimmende oder ablehnende Meinung.
Das legt m. E. nur zwei Vorgehensweisen nahe: Entweder man schiebt den Text ganz in den Hintergrund und läßt sich lediglich von der Beschäftigung mit ihm her ein Thema geben, das dann als Leitfaden für den Gedankengang dient. Oder man macht sich die Mühe, durch eine freie Neuüberset-

zung bzw. durch eine Konfrontation von Jesaja 52 mit einem Text aus unsern Tagen den Predigttext so ›anstößig‹ zu machen, daß er zu reden beginnt.

Für die zweite Umgangsform bieten sich Texte an wie die »Weihnachtswünsche« von Johannes Jourdan (in: Frieden und noch viel mehr – Weihnachten im Gedicht. Hammersbach 1982 S. 112f.) oder der von Heinz-Martin Dormann in Gottesdienstpraxis VI,1 1983 S. 35 zitierte Traum vom Frieden von Charlotte Schmidthenner.

Wer Alternative I vorzieht, könnte bei der Suche nach einem Thema folgende Leser-Reaktion als Trittleiter benutzen:

- »Die Erlösung, die die Bibel verspricht, ist leider immer nur kurze Zeit wirksam. Dann kommt die nächste Plage.«
- »Oh Gott! Friede, Freude, Weihnachtsgans! Soll ich dies den jugoslawischen Kindern sagen? ... Der Befehl ›seid fröhlich‹ bedrückt mich eher.«
- »Ich habe erlebt, wie die Stadt Dresden gewaltsam zertrümmert wurde. Das war zum Heulen und zum Klagen!«
- »Wo berührt sich der verkündigte Friede mit unserer Wirklichkeit. Oder sind unsere Sinne, konsumerkrankt, dafür verschlossen? Kann ich trügerischen Schein und heilsame Wirklichkeit nicht mehr auseinanderhalten, verwechsle das eine mit dem andern?«

Nicht auszuschließen ist, daß nicht nur der hymnische Text, sondern auch die Terminierung ›4. Advent‹ zu solcher ›Verstockung‹ beigetragen hat. Kirchenfernere haben nach meiner Erfahrung ohnehin zunehmende Schwierigkeiten mit der Adventszeit, wozu nicht nur die totale Kommerzialisierung der Vorweihnachtszeit geführt hat, sondern auch der Traditionsabbau vorwiegend an der bürgerlichen Familie orientierter Adventsbräuche und der nahezu vollständige Verlust von Zukunftsdimensionen. Wenn man von dem, was »kommt«, ohnehin nichts Gutes mehr erwartet, wie soll dann die Nachricht von einem kommenden Gott Evangelium sein?

Menschen, die stärker in der kirchlichen Überlieferung verankert sind, mag dagegen eher das praktische Problem demotivieren, wo denn in aller Welt am 4. Advent (der auf den 24. Dezember fällt) überhaupt noch ein Gottesdienst stattfindet und wenn, dann allenfalls einer, der die Gelegenheit nützt, den schönen Adventsliedern noch ein wenig Zeit zu lassen.

Vielleicht läßt sich aber auch gerade von hier aus ein sinnvoller Zugang schaffen. Ich könnte mir jedenfalls in größeren städtischen Gemeinden sehr wohl am Morgen des Heiligen Abend einen Gottesdienst vorstellen, der das o.g. Schweigen akzeptiert und sich lediglich aus zwei Elementen zusammensetzt: adventlichen Liedern und Musikstücken und, diese unterstreichend oder kontrastierend, einige Lichtbilder, z.B. von den Konfirmanden ausgewählt oder gar angefertigt, womit sich diese Jungen und Mädchen einen Platz im kirchlichen Heiligabendprogramm erobern könnten, das gerade sie sonst in der Regel übersieht. Zwischen diese Lieder und Bilder würde ich dann satz- oder abschnittweise unsern Jesajatext einstreuen und unkommentiert stehen lassen.

Zum Gottesdienst

Ingrid Keßler-Woertel

Exegetisch-homiletische Skizze

»Die frohe Botschaft«, - mit dieser Überschrift versieht die Lutherübersetzung die Perikope Jesaja 52,7–10. Der Jerusalemer Bibel wählt eine etwas andere Überschrift: »Das Erwachen Jahwes und Jerusalems«. Beides ist richtig. Zusammen gelesen umschreibt es den Inhalt unserer Perikope.
Zur Orientierung:
Ort der Verkündigung ist Babylon. Die Angesprochenen gehören der zweiten Generation der im Exil Lebenden an. Sprecher – Verkündiger – Prediger ist Deuterojesaja. Die Situation, in die der Prophet hineinspricht, ist folgende: den Exilierten in Babylon erscheint die Anpassung als einzig gangbare Möglichkeit, mit der Situation umzugehen. Aber, das sieht und weiß der Prophet, damit wäre der religiöse und auch der politische Bestand Israels gefährdet.
So spricht der Prophet zu den Exilierten und malt ihnen ein neues Bild vor Augen. Für ihn, den Propheten, ist klar: die Rückkehr aus dem Exil steht an und wird in ein neues Zeitalter führen, in dem nicht mehr der irdische König die große Rolle spielt, sondern es wird Jahwe selbst sein, der König auf Zion ist und über die ganze Erde herrscht. Es ist ein tröstender, ein vergebender Gott, den Deuterojesaja verkündet. Es ist gleichzeitig ein brisant politisches und visionär-eschatologisches Bild, das den Exilierten in Babylon vor Augen geführt wird. Dieses Bild weckt Hoffnung und läßt die Mutlosigkeit verpuffen, die die Exilierten ergriffen hat: Sieh, Israel, schau her, dein Gott ist König. Dieser König wird sein Volk vor den Augen aller anderen Völker zurück in die Heimat führen. Kurt Marti (Assoziationen Bd. 6, S. 23 ff.) nennt das sehr treffend »Zionismus im 6. Jahrhundert«, wobei er betont, wie sehr sich dieser Zionismus vom Zionismus des 20. Jahrhunderts unterscheidet. Hier, im 6. Jahrhundert vor Christus, geht es ganz allein darum, daß Gott an der Spitze der Exilierten zur Heimkehr nach Zion aufbricht; aber dieser Gott ist kein Kriegsgötze, und er trägt auch keine Uniform. Die Macht dieses Gottes ist Schalom-Macht (Kurt Marti a.a.O.) und nichts anderes. Es ist Gott, der vorausgeht, es ist Gott, der vorangeht, und keiner sonst, – das ist die Botschaft. Deshalb schlagen die Wächter auf den Stadtmauern Jerusalems nicht Alarm, sondern jauchzen. Deshalb weinen die »Trümmer Jerusalems« nicht über vergangenes Leid, sondern sie werden jubeln und frohlocken. Willkommen sind die, die Frieden verkünden und Gutes predigen, die Heil verkündigen, d. h., die Ihn, Gott, verkünden und seine Taten und sein Heilswerk, die sprechen: »dein Gott ist König.«
Die Friedensbotschaft des Deuterojesaja ist eine politische Botschaft und eschatologisch-visionäre Vorschau zugleich, die die Verkündigung des einen Gottes zum Ziel hat, der sein Volk tröstet, der Jerusalem erlöst.

4. Advent 1995: Deuterojesaja ist schon lange tot. Die Exilierten damals sind aus der babylonischen Gefangenschaft heimgekehrt. Wie können wir heute diese Perikope predigen, verkündigen?
Unsere Situation heute unterscheidet sich sehr von der der babylonischen Exilanten. Unsere Gottesdienstteilnehmer leben meist in gesicherter Existenz, dürfen ihren Glauben frei bekennen und leben. Wie sagt Deuterojesaja doch: »Der Herr hat offenbart seinen heiligen Arm vor den Augen aller Völker, daß aller Welt Enden sehen das Heil unseres Gottes« (Vers 10). Der Glaube an diesen Gott, von dem Deuterojesaja spricht, ist ein Teil dessen, was auch die Gottesdienstteilnehmer des Jahres 1995 trägt und getragen hat in ihrem Leben.
Advent und damit die Erwartungen an eine Adventspredigt sind besetzt von Gedanken der Hoffnung auf Trostworte und Zuspruch, noch dazu, weil in diesem Jahr der 4. Advent Heiligabend auf einen Tag fallen.
So wird eine Predigt über Jesaja 52,7–10 ihren Weg suchen müssen zwischen dem Anspruch des biblischen Textes und der Erwartungshaltung der Gottesdienstteilnehmer. Es wird eine Predigt sein, die beginnt im 6. vorchristlichen Jahrhundert, dann weitergeht bis zur Zeitenwende und Geburt des Heilands und schließlich endet im Jahre 1995, in unserer Zeit. Aber Ziel der Predigt - damals wie heute - wird sein: Gott ist König, - und keiner sonst.

Vorschläge zur Liturgie

Lieder
Herbei, oh ihr Gläubigen ... (EG 45)
Tochter Zion (EG 13)

Votum
Kommt, und laßt uns Christum ehren, Herz und Sinnen zu ihm kehren, singet fröhlich, laßt euch hören, wertes Volk der Christenheit.« Amen.

Gebet
Guter himmlischer Vater, den 4. Advent feiern wir heute. In Vorfreude leben wir, Vorfreude auf dein Kommen. Vorfreude darauf, daß du deinen Sohn in diese Welt schickst zu uns Menschen. Auf Jesus Christus, das Licht der Welt. Licht in all den Dunkelheiten, die uns umgeben. Licht auf den uns oft so schwierig und undurchsichtig vorkommenden Wegen unseres Lebens.
Guter Gott, wir bitten dich: laß uns dein Licht sehen und erkennen. Laß uns erkennen, wie das Licht deines Sohnes unseren Weg hell und klar macht. Sei du bei uns in unserem Leben. Amen.

Vorschlag zu Predigt

(Vor Beginn des Gottesdienstes jedem Teilnehmer den Text Jesaja 52,7–10 in die Hand geben)
Verlesung des Textes

Das, liebe Gemeinde, ist der Predigttext für den heutigen 4. Advent. Ich denke, beim ersten Lesen und Hören dieser biblischen Worte geht es den meisten von Ihnen so wie mir auch: Man dreht und wendet die Bibel, das Blatt mit dem Text. Liest noch einmal, aber der Text wird dadurch nicht verständlicher. Ein Kollege von mir hat vor einiger Zeit über 100 Blätter mit eben diesen Bibelversen verteilt. Er ist Pfarrer in einer Gemeinde, die sehr stark von Touristen besucht wird. Viele von den Urlaubern finden gerade in den Ferienwochen die nötige Ruhe und Muße, um zum Gottesdienst zu gehen, und manchmal auch - um sich mit Fragen über Gott und die Welt zu beschäftigen. Viele nehmen dann die von meinem Kollegen ausgelegten Blätter mit, lesen die biblischen Worte durch. Dazu hat der Kollege dann auch Fragen und Anregungen zum Nachdenken geschrieben. Und manchmal bittet er um Rückgabe der Blätter und bietet die Beantwortung von Fragen an. Und es kommen immer recht viele Fragebögen zurück. Doch bei diesem Bibeltext waren es nur zwei Antworten. Er startet einen neuen Versuch: Mit 300 Rundbriefen versucht er verschiedensten Menschen - meist sogar kirchlich interessierten - Informationen über Jesaja 52,7-10 zu entlocken. Wieder kommen nur drei Bögen zurück. Und auch die Jungen und Mädchen im Konfirmandenunterricht, denen er die alten Jesjaworte vorliest, murmeln: »komischer Text« und »schwer zu verstehen«. Also, liebe Gemeinde, wir stehen gar nicht allein da, wenn wir diese Bibelworte ein wenig kopfschüttelnd und - naja - auch unverstanden zur Seite legen wollen.

Sehen Sie, fast wollte ich auch sagen: Ach, was soll's! Alte Worte, es ist doch Advent, da gibt's so schöne Geschichten und Bibelverse, die in diese Zeit hineinpassen. Vielleicht war es einfach das neue, Unbekannte, Rätselhafte, was mich die Worte des Propheten Jesaja nicht vergessen ließ. Jetzt wollte ich es wissen. Was sollen solche Sätze wie dieser: »Wie lieblich sind auf den Bergen die Füße der Freudenboten, die da Frieden verkündigen, Gutes predigen, Heil verkündigen, die da sagen zu Zion: Dein Gott ist König.«? Was soll das? Und dann: Was können wir heute noch damit anfangen, wenn kaum einer mehr die Sätze versteht ...? Neugierde hatte mich erfaßt. Und schon war ich mittendrin in der Geschichte.

Der Prophet Jesaja, der hier redet und predigt, das ist nicht mehr der Jesaja, von dem die ersten 39 Kapitel des Buches handeln. Es ist ein uns unbekannter Prophet, der wohl ungefähr 250 Jahre nach dem ersten Jesaja lebt. So um das Jahr 550 vor der Geburt Christi. Die Situation eine völlig andere als zu der Zeit, in der der erste Jesaja vollmundig verkündigte: »Ein Kind ist uns geboren, ein Sohn ist uns gegeben, und er heißt Wunder-Rat, Ewig-Vater ...« (Anmerkung: dieser Text sollte in der Schriftlesung gelesen werden.). Jetzt, 250 Jahre danach, ist das Land Israel verwüstet, der Tempel zerstört. Jerusalem liegt in Schutt und Asche. Und seine Bewohner, Tausende frommer und auch weniger frommer Menschen, sind in einem großen Treck in das 1200 Kilometer entfernt liegende Babylon geführt worden.

Dort leben sie inzwischen seit Jahrzehnten, haben sich eingerichtet, so gut es geht. Die ersten Angekommenen, die Alten, haben immer noch gemahnt: »Laßt uns durchhalten, eines Tages werden wir heimkehren können nach Israel, nach Jerusalem. Eines Tages werden wir wieder beten können im Tempel unseres Gottes. Wenn wir dann zurückkommen, sehen wir schon aus der Ferne die heilige Stadt Jerusalem, die auf dem Zion, dem heiligen Berg liegt. Ach wären wir erst daheim.« So sprechen die Alten, aber nur wenige der Jungen teilen diese Hoffnung. Die meisten jungen Leute sagen eher so: »Auch wenn wir an einen anderen Gott glauben als die Babylonier, laßt uns uns anpassen, nicht auffallen! Das soll unsere Parole sein. Hier läßt es sich auch leben, hier können wir auch Familien gründen, arbeiten, unserer Wege gehen.« Soweit die Jungen. Und die Alten erwidern: »Lest doch in den alten heiligen Schriften: Da wird von König Davids und von König Salomos Königreich erzählt: unendlich groß. Da hat Gott seinen Segen drauf gelegt. Nein, wir werden irgendwann heimkehren nach Jerusalem. Und wir werden wieder einen mächtigen König haben, der unsere Feinde überwältigt und niedermacht. Ihr werdet schon sehen.«
So gingen damals in Babylon die Meinungen der jüdischen Gruppe hin und her. Und wir können uns vorstellen, daß auch die Babylonier selbst diese jüdische Gruppe mit der ganz anderen Mentalität und Religion wie mit Argusaugen bewachte und mißtrauisch beäugte.
Und dann tritt in der Mitte der jüdischen Gemeinde einer auf, der sich schon oft zu Worte gemeldet hat. »Prophet« nennen die Leute ihn, weil er vorgibt, im Auftrage Gottes zu sprechen. Sie haben sogar einen Namen für ihn: »Jesaja«, weil er sie so an den ersten Jesaja erinnert. Und dieser neue Jesaja, der gefällt den Leuten gut: Seine Worte sind immer sehr tröstend und voll Mitgefühl. Und auch, wie er von Gott erzählt, ist schon toll: daß Gott sein Volk trösten wird, und daß Gott sein Volk erlöst, usw.
Und an diesem Tag ist er nun wieder da, der Jesaja, und er spricht zu ihnen. Nein, eigentlich malt er ihnen ein Bild vor Augen. Sie sehen Jerusalem, die Stadt auf dem Zionsberg. Sie sehen die Stadt vor ihrem geistigen Auge so, wie eine Gruppe Menschen, die heimkommt, noch einige Kilometer entfernt ist, - aber die Sehnsucht nach dem Zuhause und dem Geborgensein tragen sie im Herzen. Jesaja sagt: »Schaut die Berge ringsum, schaut die Boten, die vorangegangen sind. Frieden verkünden sie, Gutes predigen sie, - keine Rache, keinen Krieg -, Heil verkünden sie. Wenn sie dann in der heiligen Stadt stehen, dann sagen sie: ›niemand anderes ist hier König als Gott. Er allein ist König. Er allein hat alle Macht.‹« Und die Wächter, die auf der Stadtmauer ihre Kontrollgänge machen, sehen es auch und sie rufen es mit lauter Stimme »Gott selbst kehrt heim in seine Stadt, die er einst König David gegeben hat. Gott kehrt heim als König. Schaut alle her! Dein Gott ist König.« Das rufen die Wächter.
Und als Jesaja so weit geredet hat, treten so manch einem die Tränen in die Augen. »Gott ist König« - welch schöne Vorstellung! Ein König, der Heil

und Frieden bringt, nicht Rache und Krieg. Gott, ein König, der Leben bringt und Freude und Gutes. Da ruft einer aus der Menge der Hörer dem Jesaja zu: »Aber Jesaja, dein schönes Billd ist schief und hat Risse! Jerusalem liegt in Schutt und Asche! Wie kann da Heil und Frieden verkündigt werden!?« Und wieder setzt Jesaja an und spricht: »Schaut, selbst die Trümmer Jerusalems werden fröhlich sein und sich freuen, wenn sie sehen, daß ihr Elend ein Ende hat, wenn sie sehen, daß Gott selber sein Volk tröstet und Jerusalem erlöst. Vor allen Völkern dieser Welt hat Gott seinen heiligen Arm geoffenbart. Alle bis ans Ende der Welt werden das Heil, das von unserem Gott ausgeht, sehen. Er wird uns trösten und uns heilen von unserer Trauer.« Jesaja hat seine Rede beendet, die Menge verteilt sich, jeder, in seine eigenen Gedanken versunken, kehrt in sein Haus zurück. Einige Jahrzehnte danach geht es wirklich heim nach Jerusalem. Da ziehen sie alle mit, Alte und Junge, Kranke und Gesunde. Und die meisten kennen ihre Heimat nur aus Erzählungen. Als sie die Trümmer Jerusalems sehen, da mag so mancher an die Worte Jesajas gedacht haben: »Wie lieblich sind ...«

Ja, liebe Gemeinde, so ähnlich muß das damals gewesen sein. Und nun bin ich ganz froh, nicht aufgegeben zu haben, sondern, – beinahe wie in einem Krimi – den biblischen Text erforscht zu haben.

Denn während ich über die Geschichte der im babylonischen Exil Lebenden nachdachte, über ihren Glauben an Gott und die Worte des Jesaja, habe ich gleichzeitig diese Bibelworte in unserer heutigen Zeit gesehen. Ich glaube, wir haben vieles mit den Menschen damals in Babylon gemeinsam. Auch bei uns gibt es so manch einen, der sagt: »Laßt uns doch mit den um uns Lebenden arrangieren. Was sollen wir mit unserem Glauben an Gott anfangen. Wir sehen Gott nicht und hören ihn nicht. Er läßt uns ja doch allein.« Dagegen sagt Jesaja: »aller Welt Enden werden sehen das Heil unseres Gottes.«

Und zum anderen gibt es bei uns viele Menschen, die sind wie die, die damals auf den Trümmern Jerusalems saßen und weinten. Bei uns sitzt man nicht auf den Trümmern Jerusalems, sondern auf den Trümmern seines Lebens, seiner Liebe, einer Gemeinschaft, der Familie, ... egal ...: es sind Trümmer, und wir weinen, oft ohne Trost.

Eine Frau sagte – und ich denke, sie spricht für viele andere in einer ähnlichen Situation – »Mein Leben liegt in Scherben. Ich bin allein. Mein Mann ist zu einer anderen, jüngeren, gegangen. Meine Kinder haben ihr eigenes Leben. Und ich?« Es ist wahrlich kein billiger Trost, wenn ich dagegenhalte die Worte des Jesaja: »und der Herr tröstet sein Volk«. Gerade heute müßten wir das spüren, wenn wir die Geburt unseres Herrn Jesus Christus feiern. Nicht dieses Familien- und Kinderfest mit gutem Essen und Geschenken, sondern die Geburt Jesu, der als Heiland, als Heilmacher, in diese Welt gekommen ist.

Und zum Dritten denke ich bei den Jesajaworten daran: Auch in diesem Advent häufen sich wieder die Fernsehberichte und Nachrichten über

Kriege und Gewalttaten, Mord und Totschlag. Und wir stehen oft fassungslos davor und manch einer sagt: Ich kann ja doch nichts tun.
Doch kannst du, du kannst etwas tun! Die Worte Jesaja wieder und wieder nachsprechen, verkündigen und vor allem: leben. »Lieblich auf den Bergen sind die Füße der Freudenboten, die da Frieden verkündigen, Gutes predigen, Heil verkündigen, die da sagen zu Zion: ›Dein Gott ist König.‹«
Nur dann wird die Welt friedlicher, wenn wir den Frieden auch leben, – im Großen und im Kleinen. Nur dann wird die Welt besser, wenn wir Gutes vorleben. Und nur dann wird die Erde heil, heil von allem Bösen und Schrecken, wenn nicht mehr Krieg und Teufel die Macht hat, sondern wenn wir sagen und glauben: »Dein Gott ist König. Alle Enden der Welt sollen sehen das Heil unseres Gottes.«

Kontext

»Nicht aussteigen im Sturm, sondern weiterrudern.« (Karl Barth)

Heiliger Abend

Annäherungen an den Predigttext 1. Timotheus 3,16

Mechthild Werner

Vorbemerkungen
Eine Männerrunde. Kirchenfans sind sie nicht. Eher Jesusfans. Teilweise. Drei junge Männer - Herbert, 28 Jahre, Kfz-Mechaniker, Jörg, 27 Jahre, Postangestellter und Johannes, 30 Jahre alt, Redakteur - reden über *den* Mann.
Der Text lag in 3 Übersetzungen vor: Luther, Zürcher und Gute Nachricht. Zur Guten Nachricht hieß es: am verständlichsten auf Anhieb. Der schwierigere Luthertext galt dafür als prägnanter, offener und mehrdeutiger.

Was liest mann denn da?
Jörg (nach dem ersten Lesen des Luthertextes): Es ist, als wenn ich nichts gelesen hätte. Ich hab' nichts verstanden.
Herbert: Als Ausgangspunkt ist es ... wenig. Wichtig soll wohl sein, daß da ein Mann nach allen Seiten ausgestrahlt hat: Er hat als Mensch gelebt, war in Verbindung mit dem Himmel und mit der Ebene des Geistes.
Johannes: Der Vorspann in Vers 14 wundert mich. Denn, wie man sich verhalten soll, bis der Briefschreiber kommt, das wird ja gar nicht gesagt. Es steht nur da, was und wie ein anderer Mensch war.
Herbert: Das soll eben die Richtlinie sein.
Johannes: Kann ich wenig mit anfangen. Es ist keine Handlungsanweisung ...
Herbert: Man soll einfach im Leben die Verbindung zum Geistigen, zu Gott nicht abreißen lassen - oder?

Was macht mann denn damit?
Jörg: Mit Stichworten aus dem Text kann man einem Kind erklären, wer dieser Typ Jesus war. Zum ersten: Er war ein schwacher Mensch.
Johannes: Und wenn du das dem Kind erklärt hast, was dann? Was soll es dann damit anfangen?
Jörg: Es soll nicht ein kleiner Jesus werden. Nur sich selbst sein. Barmherzig und solche Schlagworte. Ein guter Mensch eben - wie Jesus.
Herbert: Ein guter Mensch? Dann kann auch mein Onkel Jesus sein!

Jörg: Jesus ist doch nur das Beispiel für einen guten Menschen - in Verbindung mit Gott, na ja ... Wir wissen auch nur das Gute von ihm. Ob er Partnerschaftsprobleme hatte oder ein depressiver Junge war, wissen wir nicht ...
Herbert: Das kommt mir vor wie in dem Film: »Leben des Brian«, wo einer zum Jesus gemacht wird und weiß nichts davon. In der Bibel steht doch, Jesus war in Kontakt mit Gott, hat mit ihm geredet. Er wußte doch wohl, wozu er auf der Welt war!
Jörg: Moment mal. Er war ein einfacher Zimmermann. Ob er so intelligent war und wissen konnte, was auf ihn zukommt und was die aus ihm machen würden - so was Hochtrabendes wie in dem Text steht?

Was soll mann denn herauslesen?
Jörg: Der Text will ja noch mehr sagen, außer daß er ein Mensch war ...
Herbert: Der Punkt ist der: Ein Gläubiger hat das geschrieben. Er will den Kern und den Ursprung seines Glaubens und den seiner Glaubensgenossen in Worte fassen. Über einen, dem man nacheifern soll ...
Johannes: Steht doch gar nicht drin!
Jörg: Setzen wir doch mal für Jesus Gandhi ein.
Johannes: Quatsch, mit ER ist doch Jesus gemeint.
Jörg: Paßt es aber nicht auch? Ist doch dasselbe. Könnte auch Mutter Teresa sein.
Johannes: Nee, nee.
Herbert: Ist doch wohl ein Unterschied. Gandhi hatte mit himmlischen Mächten nichts zu tun ... Hier ist nicht nur ein Mensch, sondern ein vielschichtigeres Wesen gemeint, das in alle irdischen und himmlischen Bereiche strahlt. Siehe Engel. Ich und normale Menschen haben doch nichts mit Engeln zu tun. Obwohl, heute gibt's vielleicht nur andere Worte und Vorstellungen von Engeln ... Jedenfalls kannst du hier nur Jesus, Sohn Gottes, einsetzen!
Johannes: Ja, »gepredigt den Heiden, gezeigt den Engeln« ... das Ganze ist eine Art »Geheimformel«, schon fast eine »Verschwörungsformel« einer kleinen Christengruppe. Für alle, die mit diesen Worten etwas anfangen können - das kann nicht jeder -, die etwas miteinander verbindet. Jedenfalls ist der Text etwas für Insider. Man kann ihn nicht verlesen, ohne ihn erklärt zu haben.
Jörg: Einiges ist doch als Aufhänger zu nutzen.
Herbert: Der Text braucht eine lange Beschäftigung. Er muß erweitert werden. Sonst hat man keine Peilung.

Das hat mann nun davon
Johannes: Ich finde interessant, und von daher würde ich es erklären, daß ein Mensch gelebt hat mit Ausstrahlung in alle Bereiche, unsichtbare und sichtbare. Und dann: Was hat der Glauben an den Menschen den Leuten damals in ihrer Lage gegeben? Was müßte mir heute jemand schreiben zum

Mutmachen? Das Glaubensbekenntnis aus der Kirche kann es jedenfalls nicht sein. Schon der Gedanke daran macht mich kirre.
Jörg: Du mußt den Sechszeiler hier in heutige Worte fassen. Spontan, aus dem Bauch raus, sage ich zum Beispiel statt »schwach«: Er war ein ganz normaler Mensch wie du und ich. »Bei Gott zum Sieger erklärt«: Auf einer geistigen Ebene war er ganz gut, war er der King. »Engeln gezeigt ...«: Den Teil würde ich streichen. »Den Völkern verkündet ...« heißt: Wir reden noch alle über ihn. »Überall in der Welt Glauben gefunden ...«: Man hat überall diskutiert, ob es gut oder schlecht war, was er gemacht hat.
Herbert: Halt, »glauben« heißt ja wohl viel mehr!
Johannes: Ich würde sagen: Überall wird es ersehnt, was er gemacht und wie er gelebt hat ...
Jörg: Gut, »im Himmel die höchste Ehre« übersetze ich: Für ihn war das Geistig-Spirituelle mehr wert als das Materialistisch-Oberflächliche.
Johannes: Ich würde sagen – am Ende machte sich sein Lebensstil bezahlt, und im Leben war er glücklich dabei ...
Herbert: Mir ist wichtig, daß scheinbare Schwäche durchaus Stärke sein kann. Jesus hat das vorgelebt. Seine Schwäche hat bis zum gewaltsamen Tod geführt und trotzdem hat er Anerkennung gefunden. Die Welt und das Urteil der Mitmenschen sind also nicht der Maßstab für mein Leben. Wichtig ist, auf geistiger Ebene, mit Gott im Reinen zu sein. »Mein Reich ist nicht von dieser Welt« hat doch Jesus gesagt. Das hat mich beeindruckt, so eine Leichtigkeit zu leben!
Johannes: Ja, als Mensch die materialistischen Werte für geistige Werte zu überwinden. Eine andere Wertigkeit haben, die gar nicht in Gütern und sichtbaren Dingen auszudrücken ist. Das heißt, sich nicht dem Alltagstrott aussetzen, dem gnadenlosen um Geld und Karriere ... Mir ist jetzt klar, wofür die Engel stehen. Diese andere geistige Art zu leben, diese andere Welt ist für uns nicht sichtbar und wird doch ersehnt. Die Engel zeigen die Verbindung zu dieser Ebene an. Sie verbinden Himmel und Erde. Zeigen die Sehnsucht nach einem besseren Leben.«

Mann macht munter weiter.
Off records – nach 90 Minuten gab es noch kein Ende. Viele Fragen, zum Beispiel, wie man es denn nun schafft, in dieser geistigen Verbindung zu leben, wie man überhaupt als Christ leben kann und was das christliche Bekenntnis von dem anderer Religionen unterscheidet. Fragen mit unterschiedlichen Antworten.
Gemeinsames Resümee der Drei: Mann o Mann. Was für ein langes, prickelndes Gespräch über einen so kurzen, trockenen Text!

Zum Gottesdienst

Hermann Otto Geißler

Theologisch-homiletische Skizze

Die drei »Jesus-Fans« aus den Annäherungen stelle ich mir als Predigthörer vor. Für sie möchte ich predigen. Sicher werden noch andere Christen in der Kirche sein, auch solche, denen das Zweischichtenmodell vom Himmel und Erde keine Schwierigkeiten macht. Aber es sind auch junge Leute da, die ihren Eltern zuliebe mit zur Kirche kommen und die sehr kritisch zuhören, was gesagt wird. Übrigens - wann hat man einmal so viele Männer als Zuhörer im Gottesdienst, die gar nicht so anders denken als ihre Söhne und Töchter?
Mir ist also der Weg zum meditativen oder gar anbetenden Grundton in der Predigt verwehrt, obwohl ich die Schwierigkeit, über den Hymnus argumentierend zu predigen, auch empfinde. Seine drei Strophen, in denen jeweils vom irdischen und himmlischen Geschehen die Rede ist, lassen sich, schon gar am Heiligabend, nicht abgemessen auslegen. Aber die Intensität, mit der hier das irdische Geschehen (Menschwerdung, Verkündigung unter den Heiden, Glaube in der Welt) in seiner Bedeutung durch die darauf bezogenen Aussagen über die himmlische Seite hervorgehoben wird, möchte wahrgenommen werden. Der Hymnus ist jedenfalls kein »Weihnachtslied« - da haben wir geeignetere -; er stammt wohl aus der eucharistischen Liturgie und faßt die gesamte Heilsbedeutung Christi zusammen. (Martin Albertz predigte über diesen Text im zerbombten Berlin 1944 an Jubilate!) Dennoch ist nicht erst die Osterbotschaft auf den »Glauben in der Welt« bezogen, sondern auch die Botschaft des Engels an die Hirten. Allerdings kann die Predigt nicht beim Kind in der Krippe stehen bleiben, sondern sie muß Jesus in seiner Wirksamkeit einbeziehen. Die Glaubensforderung wird sonst allzu leicht auf die Anerkennung eines Mirakels - dabei ist die Jungfrauengeburt immer im Hintergrund - eingeschränkt.
Ich entscheide mich also, die Hörer zum Glauben wie Jesus oder mit Jesus, nicht an Jesus, einzuladen. Weihnachten hat sein Proprium in der Herausforderung, das Jesuskind in Liebe aufzunehmen. Diese emotionale Verbindung, auf den erwachsenen Jesus übertragen, sehe ich in dem Glauben mit Jesus bewahrt. Dabei ist Jesus als der Bürge des Glaubens (Ebeling) in Anspruch genommen.
Die Züge der Verkündigung Jesu, die hervorzuheben sind, sollen nicht ausschließlich im imperativen Bereich liegen, sondern vor allem zum getrosten Leben ermutigen. Ich möchte damit auch antworten auf die Frage der drei »Jesus-Fans«: »Was müßte mir heute jemand schreiben zum Mutmachen?«
Als Brücke zwischen Text und Heiligabendgemeinde bietet sich das Stichwort »Geheimnis« an. Das griechische »mysterion« ist allerdings auf die Eucharistie bezogen und als »Sakrament« zu verstehen, in dem sich die Gegenwart des Christus, dessen Heilsbedeutung der Hymnus entfaltet, ereignet. Nur für die Außenstehenden, die Nicht-Eingeweihten, ist dieses Mysterion ein verhülltes Geheimnis. Aber ist nicht die volkskirchliche Gemeinde am Heiligabend weithin eine Versammlung von Nicht-Eingeweihten, ja sind wir modernen Christen dies imgrunde nicht alle? Da der Text wohl seit Luther oft auch an Weihnachten gepredigt wurde, hat sein Stichwort »Geheimnis« vielleicht gar an unseren geheimnistuerischen Weihnachtsbräuchen mitgewirkt.

Natürlich kann man den Luthertext in seiner knappen, einprägsamen Form nicht beiseitelassen. Aber gerne nutze ich auch die ausführlichere, erklärende Fassung der Guten Nachricht, zumal der für mich wichtige Kernsatz darin steht: Er fand Glauben.

Zur Liturgie

Eingangsgebet

(Anschließend an Jesaja 9,1+6 als Introitus)

Ewiger Gott, du Schöpfer des Lichts, in unsere Dunkelheit bis du gekommen in einem armen hilfebedürftigen Kind, in einem Menschen, der sich nicht wehren konnte. Licht hat er verbreitet, dein Licht, das Licht der Wahrheit, der Hoffnung und der Liebe. Die im Dunkeln wohnten, haben das Licht leuchten sehen. Es leuchtet auch für uns, und nichts wünschen wir mehr, als daß es allen Menschen, die im Dunkeln wohnen, sichtbar sei. Doch heute sind wir dran, daß wir genau hinsehen, unsere Herzen öffnen für den Lichtschein, der aus der Krippe kommt, und uns an ihm freuen, damit wir selbst dieses Licht aufnehmen und weitertragen in die Dunkelheiten der Welt, dein Licht, das Licht der Wahrheit, das Licht der Hoffnung, das Licht der Liebe.

Fürbittengebet

Herr Gott, unser Heiland. Wir danken dir, daß du uns eingeladen hast zur Freude über die Geburt Jesu Christi, deines lieben Sohnes. Keinen unter uns hast du vergessen, jeden willst du heute froh machen. Darum hilf uns nun alles abzulegen, was uns auch heute bedrückt: unsere Ängste und unsere Sorgen, unseren Kummer und unsere Vorwürfe gegen andere, unseren Unglauben und unseren Kleinmut. Alles legen wir in deine Hände.

Wir befehlen dir unsere Familien und alle Menschen, die wir liebhaben. Dir befehlen wir aber auch die, von denen wir nur wenig wissen und die Hilfe besonders nötig haben: Verzweifelte, Trauernde, Kranke, Sterbende, Hungernde, Gefangene, Verachtete und Vergessene. Laß du das Licht der Weihnacht über allen hell scheinen, wie du es versprochen hast, daß Freude allem Volk widerfahren soll.

Richte Recht und Frieden auf im Leben der Völker, segne alles Tun und Denken, das dazu beiträgt. Gib der Verkündigung deines Wortes Überzeugungskraft, damit Menschen hören und glauben, daß du mit uns Menschenkindern bist in deinem Sohn Jesus Christus.

Oder:

Herr Gott, himmlischer Vater, du hast uns in dieser Nacht ein großes Geschenk gemacht. Deine Gegenwart mitten in unserem oft so verwirrten Leben hast du uns versprochen und so ein Stück unverlierbarer Heimat geschenkt. Du hast uns den Immanuel gesandt, den Gott-mit-uns, Jesus Christus. Wir grüßen ihn mit Dankbarkeit und Freude.

So wollen wir dir heute auch Dank sagen für alle deine Gaben, deren wir uns erfreuen: für unser Leben und die Kräfte des Leibes und der Seele, für die Menschen, die wir lieben, für das tägliche Brot und für das Licht eines jeden neuen Tages.
Hilf uns, daß Freude und Dankbarkeit bei uns lebendig bleiben und unser Leben bestimmen, nicht aber unsere Erwartungen und Ansprüche, damit wir auch in diesen Tagen die Freundlichkeit der Menschen recht wahrnehmen, die uns entgegengebracht wird.
Wir bitten für alle, die jetzt nicht fröhlich sein können, sondern traurig und einsam sind, hungrig nach Liebe und Anerkennung. Halte deine schützende Hand über der ganzen Welt, damit sie sich nicht selbst zerstört durch Zwietracht, Gleichgültigkeit, Maßlosigkeit, Gewalt und Menschenverachtung.
Segne alles, was aus Liebe getan wird, um andere Menschen froh zu machen und ihnen ihr Leben zu erleichtern. Gib du Gedeihen auch den politischen Bemühungen um eine gerechtere, friedliche Welt. Und laß auch uns das kleine Stückchen dabei vollbringen, das uns möglich ist.

Lieder
Geeignet im Zusammenhang mit der Predigt sind »Nun singet und seid froh« (EG 35) und »Ich steh an deiner Krippen hier« (EG 37), aber das ist an Weihnachten sicher nicht der wichtigste Gesichtspunkt für die Liederauswahl.

Vorschlag für die Predigt

Das Geheimnis von Weihnachten wollen wir entdecken heute abend. Darum sind wir hier. Es ist ein großes Geheimnis, wunderbar, eigentlich nicht zu übersehen, aber dennoch ganz verhüllt, vielleicht sogar verschnürt.
Jedenfalls braucht man Hilfe beim Enthüllen und Auspacken. Die biblischen Worte helfen, die Musik und die Lieder, die wir singen, vielleicht auch der weihnachtliche Schmuck, auch die Menschen, die dieses Geheimnis für wichtig halten und mit uns feiern, und nicht zu vergessen, es gibt auch die Unterstützung der Engel, aber die sieht man ja nicht. Dennoch ist sie da, wie damals bei den Hirten. Die Engel, die Menschen, die Glaubenden in der ganzen Welt werden auch in unserem kurzen, aber so prall gefüllten Text aus dem 1. Timotheusbrief genannt. Doch in dem allen versteckt ahnt man Gott selbst als den eigentlichen Urheber des Geschehens, das wir an Weihnachten feiern. Allerdings gehört das schon zu dem tiefsten Kern des Geheimnisses, dem wir heute nachspüren.
Wirkliche Geheimnisse kann man nur entdecken, oder sie werden enthüllt. Daran herumrätseln hilft nicht viel. Das ist auch bei diesem Geheimnis von

Weihnachten so. Wer dieses Geheimnis allerdings entdeckt hat oder wem es enthüllt wurde, der wird dadurch fröhlich, so wie die Hirten in der Weihnachtsgeschichte. Die kehrten wieder um, priesen und lobten Gott. Ob das bei uns auch so sein wird?
Aber ist es für uns überhaupt ein Geheimnis, die Bedeutung von Weihnachten? Wir wissen es doch aus der Kindheit und hörten es vorhin wieder in der Geschichte: Das Kind in der Krippe zu Bethlehem ist der Heiland der Welt. Was ist da Geheimnisvolles dabei?
Ja doch! Dieses Kind ist arm und schwach. Zwar ist es später groß geworden und ein richtiger Mann. Aber der blieb arm und ohnmächtig, ein Mensch am Rande der Gesellschaft. Schließlich wurde er ein Opfer in den Streitigkeiten der Mächtigen, der römischen Besatzer und der jüdischen Priesterschaft. Ein schwacher Mensch, gut, aber ohnmächtig – ein Vorbild allenfalls für die, die nicht groß und mächtig und reich werden wollen.
Die Tatsache, daß es uns so gut geht, daß wir Weihnachten im Wohlstand ohne große Sorgen feiern können, während es anderen so schlimm ergeht in dieser Welt, – spricht das nicht alles dafür, daß wir weit, weit entfernt sind von diesem Jesus, der in der Krippe geboren wurde? Mich bedrückt diese Frage an jedem Weihnachtsfest. Sie erschreckt mich.
Aber es gibt da doch noch mehr zu entdecken als das, was mich erschrecken macht. Das eigentliche Geheimnis von Weihnachten ist noch verdeckt. Was man da sehen kann, ist nicht alles: Maria und Joseph und das Kind in der Krippe. Die alten Maler haben dies oft so angedeutet, daß sie überall auf die Balken und Fensterbänke und in die Dachluken und die Löcher in den Wänden Engel gemalt haben, staunende Engel, singende Engel, musizierende Engel. Engel kann man nicht sehen, jedenfalls sind sie mit unseren Augen nicht als Engel zu erkennen. Mit den Engeln ist es wie mit Gott. Sie gehören in die unsichtbare Welt, die wir mit einem Wort als Himmel bezeichnen. Zugang dorthin gibt es nur durch den Glauben.
Aber, sagen Sie nun vielleicht, mit dem Glauben habe ich meine Schwierigkeiten. Ich kann nicht einfach aussteigen aus meiner Alltagswelt, wo es all das nicht gibt, Engel und überirdische Einwirkungen. Da geht alles ganz real zu. Da tue ich mir auch schwer mit einem Bild von Gott, wie es die Kinder haben, als so eine Art Super-Nikolaus, der alles kann und unsere Wünsche erfüllt und der das Böse, das die Menschen machen, dann doch wieder heimlich geradebiegt. In meinem Leben muß ich für alles selbst geradestehen, was ich falsch mache, und das erwarte ich auch von anderen.
Lieber Mann, oder liebe Frau, wenn das Ihre Schwierigkeiten mit dem Glauben sind, dann gibt es gerade für Sie hier etwas zu entdecken, nämlich das wirkliche Geheimnis von Weihnachten. Unser Text aus dem 1. Timotheusbrief ist da kein schlechter Helfer bei dieser Entdeckung. Ich lese ihn noch einmal, jetzt in einer modernen Übersetzung: (Text nach Gute Nachricht).

Die kunstvoll geformten Sätze will ich zusammenfassen: Christus kam als Mensch in die Welt, wurde vom Himmel bestätigt und fand in der Welt Glauben. *Er* fand Glauben. Hören Sie's? Das ist die Decke, an der wir ziehen müssen, um das Geheimnis zu lüften. Es kommt darauf an, daß *Jesus* Glauben findet. Bei uns! Sein Leben, seine Lehren, seine Armut, seine Hoffnung, seine Liebe - das alles sollen wir akzeptieren, gelten lassen und in unser Leben hineinnehmen. »Dir sind deine Sünden vergeben«, hat er gesagt und das darf jeder glauben. »Deine Haare auf deinem Haupt sind alle gezählt«, hat er gesagt und damit darf jeder leben - ohne Angst. »Selig sind die Barmherzigen«, das kann jeder sich zum Leitspruch nehmen. Und »Liebet eure Feinde« - das ist der einzige Weg, das Böse in der Welt wirklich zu überwinden.
Ich denke, es ist genug. Wir haben ein Stück von diesem großen Weihnachtsgeheimnis erblickt und ahnen, daß da noch viel mehr zu entdecken ist. Das werden wir nicht ausschöpfen an diesem Abend. Aber es mag mit uns gehen in die Festtage und auch dann, wenn uns die Aufgaben des Lebens wieder in den Bann schlagen. Da mag uns das Geheimnis von Weihnachten, das wir heute entdeckt haben, stärken und trösten und lenken. Es läßt sich ganz einfach ausdrücken, in sehr schlichten Worten: »Du Kind in der Krippe, du bist *für mich* in die Welt gekommen.« Das ist das ganze Geheimnis. Nein - das ist kein Grund, bloß zu erschrecken. Es macht Mut, das Leben so zu sehen, wie es ist, und dennoch mit Hoffnung in die Zukunft zu gehen. Und darum ist es wirklich Grund zur Freude, Grund sich zu freuen mit Maria und Joseph, mit den Hirten und Engeln, mit unseren Kindern und Familien, und Grund, mit allen, die eine Ahnung von diesem Geheimnis haben, zu loben und zu danken und zu singen und zu feiern.

Kontexte

Daß in unserem Text die Offenbarung Gottes im Fleisch mit Predigt und Glauben sachlich gleichgeordnet werden, muß zur zentralen Aussage der Weihnachtspredigt werden. In den oft problematischen, zweideutigen und angefochtenen Glaubenserfahrungen des christlichen Lebens wird der Sieg Gottes über die Bindungen und Fesseln der Welt anschaulich. Das geschieht nicht etwa in der Weise, daß Gott dem armseligen christlichen Alltag und der so wenig überzeugenden Erscheinung der Kirche nun dennoch - bei aller Schwachheit! - überirdische Qualität zuspricht, sondern die Erfassung des Geheimnisses der christlichen Frömmigkeit geschieht so, daß man solchen leichtfertigen theologischen Aussagen kein Vertrauen mehr schenkt, weil Freiheit und Überwindung im Glauben selbst und nur in ihm errungen werden kann. Daß in dem Hymnus des Textes mythisch-theologische Aussagen mit irdisch-geschichtlichen eng verflochten sind, heißt ja gerade nicht, daß Schwächlichkeit und Versagen mit theologischen Phrasen legitimiert werden können. Er weist vielmehr darauf hin, daß die Bewahrung des Betroffenseins vom Geschehen des Christfestes Courage des Glaubens erfordert. Darauf beruht und darin besteht das offenkundige Geheimnis unserer »Religion«. (Exegetisch-homiletische Arbeitsgemeinschaft - Köster-Merkel-Brandenburger - in: GPM 18, 1963/64, S. 38 f.)

Wie wir auch die Jungfrauengeburt uns deuten mögen - die volle Menschlichkeit dieser Geburt steht außer Frage. Sogar das Datum des Weihnachtsfestes deutet darauf hin. Als man etwa in der Mitte des 4. Jahrhunderts in der Kirche anfing, am 25. 12. die Geburt Christi zu feiern, stand dies Geburtsdatum seit etwa anderthalb Jahrhunderten fest. Die Tag- und Nachtgleiche am 25. 3. galt als Zeichen für den ersten Schöpfungstag. Daher nahm man diesen Tag auch für den Anfang der Neuschöpfung in Mariens Schoß und den 25. 12. für den Tag der Geburt des Erlösers. Die neunmonatige Schwangerschaft einer Mutter ist die Weise, wie der, der aus Gott kommt, Mensch wird. (Peter Brunner in: hören und fragen 4/1 Neukirchen-Vluyn 1975, S. 47)

Es war ja ganz schön. Aber es war so gar nichts drin, was einem einen kalten Schauer den Rücken runterjagt. (Ausspruch eines 21jährigen Jurastudenten nach einer Christvesper)

»Der echte Jesus liegt nebenan« keift Brians Mutter die drei Weisen aus dem Morgenland an, als sie irrtümlicherweise vor Brians Krippe niederknien. Schon als Säugling mit soviel Ehre bedacht, kann Brian, ein römischer Seitensprung seiner Mutter, nur ein außergewöhnliches Leben vor sich haben. Im Jahre 30 Anno Domini hat Brian auch Wichtigeres zu erledigen, als sich einem gewissen Jesus Christus anzuschließen und wird durch die Parole »Römer raus« zum Volksheld. (Klappentext des Videofilms Screen Time 185) - Das Leben des Brian. Monty Python's - The Live of Brian, Großbritannien 1979, ... frei ab 16 Jahre. Brian aus Bethlehem als Erlöser wider Willen und Messias mit Verfolgungswahn. ... Der Aufstieg ans Kreuz ist programmiert. - Keine Frage, der Kultfilm des Monty-Python-Sextetts. Und das nicht nur zur Weihnachtszeit. (Atlasfilm-Katalog 1993/94, S. 159) - Es handelt sich um eine Parodie auf die Superfilme zur Bibel aus Hollywood, veranlaßt durch eine Besichtigung der Filmstadt mit den übriggebliebenen Kulissen und Requisiten von Bibelfilmen durch sechs Jungfilmer, das Monty-Python-Sextett.

Gottes Engel brauchen keine Flügel

Familiengottesdienst am Heiligen Abend

Rolf Heinrich

Hinweis
Dieser Gottesdienst enthält die jeweils gleich wichtigen *Elemente Lied, Spiel und Erzählung.* Die empfohlenen Lieder fügen sich optimal in den Kontext ein, können aber auch durch andere Lieder ersetzt werden, die zum Beispiel in der Kindergruppe oder im Kindergarten eingeübt werden können.

Begrüßung
Liebe Kinder, Eltern und Großeltern, liebe Gemeinde!
Nun beginnt der Heilige Abend. Wir feiern ihn im Namen Gottes, der sich nicht schämte ein kleines Kind zu werden, im Namen des Sohnes, der wie jedes Kind mit einem Schrei das Licht der Welt erblickt und im Namen des Geistes, der versprochen hat, bei uns zu sein in der Nacht und am Morgen und an jedem neuen Tag.
Habt Ihr schon einmal einen Engel gesehen? Könnt Ihr Euch Weihnachten ohne Engel vorstellen? In den alten Weihnachtsgeschichten, da sind Engel immer dabei, sie spielen eine wichtige Rolle.
Ohne Engel gäbe es kein Weihnachten. Ohne Engel hätte Maria, die junge Frau, ein Kind zur Welt gebracht und nicht geahnt, daß dieses Kind ein besonderes Kind ist. Ohne Engel wären die Hirten auf den Feldern geblieben bei den Schafen. Ohne Engel wäre ein Kind zur Welt gekommen in ganz erbärmlichen Umständen. Die Engel bringen Weihnachten zu Gehör, sie sprechen die an, die Angst haben: Fürchtet Euch nicht. Der Engel spricht aus, was von Furcht befreit und Leben ermöglicht: Große Freude – aller Welt! Die Engel haben den Hirten erzählt, was in dem armen Stall geschehen ist, sie haben das erste Weihnachtskonzert gegeben. Ohne Engel gäbe es kein Weihnachten. Aber: Wie sehen Engel, die Boten Gottes, aus? Davon wollen wir jetzt spielen und singen. Kinder und Jugendliche aus unserer Gemeinde haben sich dazu ein Stück ausgedacht. Habt Ihr schon einmal einen Engel gesehen?
Unser Stück heißt: Gottes Engel brauchen keine Flügel.
Wir machen uns jetzt auf die Suche nach den Engeln.

Hände reichen
Wir reichen uns die Hände, suchen eine rechte und eine linke Hand.
Wir spüren die Wärme und den Halt.
Jesus umarme uns, schicke uns deine Boten,
die uns trösten, wenn wir traurig sind,
die ihre Freude mit uns teilen.
Jesus umarme uns, schicke uns deine Engel,
die bei uns sind, wenn wir Angst haben,
die sagen: Fürchte dich nicht!
Jesus umarme uns, schicke uns deine Boten,
die uns in unseren Sorgen begleiten,
die uns mit ihrer Hoffnung anstecken.
Eine Hand liegt in Deiner Hand und Du spürst den Halt.
Komm, sagt die Hand, ich halte Dich fest.
Wie gut, wenn ein Mensch dem anderen Menschen die Hand reicht.

Lied: Ein Kerzenlicht am Tannenzweig ... in: Menschenkinder Musik-Verlag, aaO., Kommt, wir feiern Weihnachten, S. 40. Zu diesem Lied kommt ein Kind mit einer Kerze an einem Tannenzweig nach vorne.

Gebet
Bethlehem ist überall zu finden.
Wenn man sucht in dir, in mir, in jedermann,
in allem, was wir tun: Freude schenken,
keinen kränken, Glück erleben, Hoffnung geben,
Bethlehem ist überall.
Bethlehem ist überall, mach nur die Augen auf,
und Du und ich und jedermann,
ein jeder kommt darauf: Friede wahren,
Leid erfahren, Dir vertrauen, Angst abbauen.
Bethlehem ist überall.
Bethlehem ist überall, glaub's nur, es ist wahr.
Mach's Dir und mir und jedermann,
mach's allen Menschen klar: Liebe geben,
Schmerz zugeben, Kummer teilen, Wunden heilen.
Bethlehem ist überall.

Lied: Vom Himmel hoch ..., EG 24,1,2,5

Kinder spielen und singen
(Die Kinder spielen pantomimisch, was die Erzählerin erzählt)
Erzählerin: Habt Ihr schon einmal einen Engel gesehen? Ohne Engel gäbe es kein Weihnachten.

Ein Engel kommt zu Maria und sagt: »Freue dich, Maria, Gott hat dich zu Großem ausgesucht! Hab' keine Angst, du wirst schwanger werden und einen Sohn zur Welt bringen. Den sollst du Jesus nennen. Er wird groß sein und wird Sohn des Höchsten genannt werden.«
Wie sah er aus, dieser Engel, dieser Bote Gottes? Ohne ihn gäbe es kein Weihnachten.
Engel kommen zu den Hirten auf den Feldern und sagen: »Fürchtet euch nicht. Ich bringe gute Nachricht für euch, über die sich alle Menschen freuen werden. Heute wurde in der Stadt Davids euer Retter geboren – Christus, der Herr.«
Wie sahen sie aus, diese Engel, diese Boten Gottes? Ohne sie gäbe es kein Weihnachten.
Nachdem Jesus geboren ist, kommt ein Engel im Traum zu Josef und sagt: »Steh auf, nimm das Kind und seine Mutter und flieh nach Ägypten. Bleib dort, bis ich dir sage, daß du zurückkommen kannst. Der König Herodes wird nämlich alles dransetzen, das Kind zu töten.«
Wie sah er aus, dieser Engel, dieser Bote Gottes, Ohne ihn gäbe es kein Weihnachten.
Engel können Fremde und Arme sein, die an unsere Tür klopfen. »Vergeßt nicht, Fremde gastfreundlich bei euch aufzunehmen. Auf diese Weise haben einige, ohne es zu wissen, Engel aufgenommen.«
»Ich war hungrig, und ihr habt mir zu essen gegeben, ich war durstig, und ihr habt mich getränkt. Ich war fremd, und ihr habt mich beherbergt.« Können das Engel gewesen sein? Ohne Engel gäbe es kein Weihnachten. Es bliebe dunkel. Kein Licht, keine Stimme, wenn Du Angst hast und traurig bist.
Kommen Engel auch heute noch zu uns? Wo sind die Engel nur geblieben? Was hat sie fort aus unsrer Welt getrieben? Wo sind die Engel nur geblieben? Habt Ihr schon einmal einen Engel gesehen?
Drei Kinder stehen als Engel verkleidet vorne in weißen Gewändern mit Flügeln. Einer hält eine Trompete, einer ein Schwert, einer eine Lilie.
Erzählerin: Sieht so ein Engel, ein Bote Gottes aus? Er bläst die Trompete der Verkündigung.
Engel mit der Trompete tritt einen Schritt vor. Kurzes Trompetenspiel des Posaunenchors.
Erzählerin: Er bläst laut, damit alle ihn hören, was er zu verkünden hat: Siehe ich verkünde Euch große Freude. Was soll das bedeuten, ein Engel trägt ein Schwert?
Engel mit dem Schwert tritt einen Schritt vor.
Erzählerin: Manches droht über uns wie ein gefährliches Schwert. Wir sind verletzlich. So vieles kann uns zustoßen und umstoßen. So vieles kann uns Kummer bereiten und Angst machen. Ein Engel braucht kein Schwert, kein Zeichen der Gewalt.
Engel legt das Schwert zu Boden.

Erzählerin: Menschen, die uns lieben, begleiten uns wie Boten Gottes, wie Engel sind sie uns nah, denken an uns, behüten uns. Nein, ein Engel braucht kein Schwert.
Ein Engel trägt eine Blume, eine Lilie.
Engel mit der Lilie tritt vor.
Erzählerin: Diese Blume ist viel schöner als das Schwert. Sie macht Menschen Freude, ist ein Zeichen für Frieden und für die Mutter, die ihre Kinder liebt und tröstet. Der Engel mit der Blume, er sagt zu Maria: Erschrecke nicht, Gott will dir nicht das Leben nehmen, sondern es dir bringen.
Sehen so Engel aus? Mit Flügeln, gehüllt in weiße Gewänder, sind das die Boten Gottes? Ist Euch schon einmal ein Engel begegnet?
Lied: Engel auf den Feldern singen ..., 2 Strophen
Erzählerin: Brauchen Engel Flügel, Glanz und Stern? Müssen es Männer und Frauen mit Flügeln sein?
Da sehe ich eine Mutter mit ihrem Kind. Sie haben keine Flügel, keine Macht und keinen Stern.
Mutter mit Kind kommt auf die Bühne. Mutter nimmt das Kind zärtlich in den Arm und streichelt es.
Erzählerin: Die Mutter nimmt das Kind in den Arm, tröstet es, streichelt es zärtlich, streicht ihm über den Kopf und sagt zu ihm: »Mein Engel, mein Engel«, und das Kind denkt: Ich ein Engel? Ich dachte immer, Engel sähen anders aus. Ja, dieses Kind ist für die Mutter ein Engel, weil jedes Kind uns sagt, daß das Leben weitergeht. Jedes Kind verändert die Welt. Alle Beziehungen werden neu: Menschen werden zu Eltern und zu Großeltern mit Stolz aber auch mit Aufregung. Dieses Kind ist für die Mutter ein Engel, weil es das Liebste ist, das sie auf der Welt hat. Und am Bett singt die Mutter ihrem Kind die gute Nachricht von Weihnachten.
Gesang: Guten Abend, gute Nacht, von Englein bewacht ...
Lied: Es müssen nicht Männer mit Flügeln sein ..., in: Die gute Nachricht weitersingen, Menschenkinder Musik-Verlag, aaO., S. 5, Strophe 1 und 2.
Erzählerin: Engel brauchen keine Flügel, keinen Glanz und keinen Stern. Welcher Engel wird mich schützen? Wirst Du für mich, werde ich für Dich der Engel sein?
Da sehe ich Matthias. Seht wie er Skateboard fahren kann.
Ein Junge fährt vom Eingang der Kirche durch den Mittelgang mit einem Skateboard nach vorne. Stellt sich mit dem Skateboard unter dem Arm auf die Bühne (vor den Altar).
Erzählerin: Er fährt an der Straße entlang. Er träumt und träumt und träumt. Er schaut nicht richtig. Er achtet nicht auf den Verkehr. Und da. Ein Auto prescht heran. Gleich wird es geschehen. Doch da – eine Stimme, da hat ein Freund gerufen. Matthias bleibt stehen – einen Moment – das Auto fährt vorbei. Die Stimme – der Freund – ein Engel. Es müssen nicht Männer mit Flügeln sein – die Engel, es kann ein Freund sein, der dir hilft. Es kann jemand sein, dem Kinder wichtiger sind als Autos und der Straßenverkehr.

Lied: Es müssen nicht Männer mit Flügeln sein ..., aaO., Strophe 3 und 4
Erzählerin: Engel brauchen keine Flügel, keinen Glanz und keinen Stern. Welcher Engel wird mich trösten? Wirst Du für mich, werde ich für Dich der Engel sein? Da sehe ich Nina, sie ist traurig, sie weint.
Mädchen kommt mit einem leeren Vogelkäfig nach vorne. Steht mit hängendem Kopf traurig da.
Erzählerin: Ihr Vogel ist gestorben, er konnte so schön singen, immer ist er auf ihren Kopf und ihre Schulter geflogen. Sie konnte sich mit ihm unterhalten, sie hat ihm sogar einiges anvertraut. Jetzt ist er tot, ganz plötzlich gestorben, Nina ist traurig. Da kommt ihre Freundin, sie fragt nicht viel, sie sagt nicht viel. Ganz einfach nimmt sie Nina in den Arm, da kann Nina befreit weinen.
Kinder spielen pantomimisch jeweils das, was erzählt wird!
Erzählerin: Es müssen nicht Männer mit Flügeln sein - die Engel. Es kann eine Freundin sein, die Dich tröstet. Manchmal wünsche ich mir, ein Engel käme und würde mir die Tränen abwischen. Manchmal wünsche ich mir, ein Engel käme und würde mich beschützen. Werde ich für Dich, kannst Du für mich der Engel sein, der mich tröstet und sagt: Fürchte Dich nicht?
Lied: Hände wie deine wie du sein Gesicht ..., in: Weihnachten ist nicht mehr weit, Menschenkinder Musik-Verlag, aaO., 28, Strophe 1 und 2
Erzählerin: Engel brauchen keine Flügel, keinen Glanz und keinen Stern. Engel haben viele Gesichter. Manchmal stehen sie vor unserer Tür. Ob ich merke, wenn Gott mich selbst als Engel gebrauchen kann?
Da ist ein Kind aus fremdem Land. In seinem Land herrschen Not und Krieg. Die Eltern kamen um im Krieg. Es lebt nun bei uns. Es wurde aufgenommen und angenommen von deutschen Eltern. Es geht hier in die Schule.
Kind mit dunklem Gesicht kommt nach vorne. Andere Kinder stellen sich um das Kind herum.
Erzählerin: Seit einiger Zeit lachen die anderen Kinder es aus, sagen zu ihm: Du bist schmutzig im Gesicht. Hast du dich heute noch nicht gewaschen? Ein Junge nimmt das Kind in Schutz und sagt: Daß ihr hier geboren seid, dazu könnt ihr nichts. Wärt ihr in Indien geboren, dann hättet ihr auch eine andere Hautfarbe.
Es müssen nicht Männer mit Flügeln sein - die Engel. Es kann ein Freund sein, der Dir beisteht und Dir hilft. Engel brauchen keine Flügel, keinen Glanz und keinen Stern. Doch sie brauchen offne Herzen und die Botschaft ihres Herrn.
Lied: Hände wie deine ..., aaO., Strophe 3 und 4
Erzählerin: Engel brauchen keine Flügel, keinen Glanz und keinen Stern. Hört nun die Geschichte vom Engel, der nicht mehr singen wollte. Engel sangen über den Feldern von Bethlehem: Ehre sei Gott in der Höhe und Friede auf Erden unter den Menschen.

Engelschor (Kinder) tritt auf die Bühne. Ein Engel trennt sich vom Chor. Tritt an die Seite, hält sich die Ohren zu und dann die Hände vor den Mund.
Erzählerin: Ein Engel hört plötzlich auf zu singen und er sagt: Ich sehe Soldaten in Jugoslawien, ich sehe Krieg und Schrecken. Erwachsene und Kinder, die sterben. Nein, ich höre auf zu singen »Friede auf Erden«. Nein, ich singe nicht mehr mit, nein! Was ich sehe, das genügt mir. Es ist nicht wahr, daß auf Erden Frieden unter den Menschen ist. Ich will nicht mehr singen, ich will den Frieden Gottes zu den Menschen tragen. Tag und Nacht will ich unterwegs sein. Ich will an die Häuser der Menschen klopfen und ihnen die Sehnsucht nach Frieden ins Herz legen. Ich werde bei den Verhandlungen der Mächtigen dabei sein und vom Frieden erzählen. Ich werde die Unschuldigen unter meine Flügel nehmen und ihr Geschrei weiterleiten. Wenn wir diesem Engel begegnen, dann können wir manchmal wie von ferne einen Gesang hören: Ehre sei Gott in der Höhe und auf Erden Fried. Welcher Engel wird uns sagen, daß das Leben weitergeht? Wirst Du für mich, werde ich für Dich der Engel sein? Welcher Engel öffnet Ohren, die Geheimnisse verstehn? Welcher Engel leiht uns Flügel, unseren Himmel einzusehn? Wirst Du für mich – werde ich für Dich der Engel sein? Es müssen nicht Frauen und Männer mit Flügeln sein. Wir selbst können Engel werden. Du und ich, heute und morgen. Vielleicht verleiht uns dann die Liebe Flügel. Engel brauchen keine Flügel, keinen Glanz und keinen Stern. Doch sie brauchen offne Herzen und die Botschaft ihres Herrn.
Lied: Wißt ihr noch, wie es geschehen … Strophe 1 und 2

Gebet im Wechsel
Einer: So laßt uns gehn in den vier Winden
Bethlehem und das Kind zu finden.
Vielleicht wo einer hungert und weint,
vielleicht ein Freund, vielleicht ein Feind.
Alle: Da ist die Krippe, da ist der Stall.
Bethlehem ist überall.
Einer: Wo einer trägt des anderen Last.
Wo du den Fremden zu Gaste hast.
Wo du den Kranken nicht läßt allein.
Wo du zum Einsamen sagst: Komm herein.
Alle: Da ist die Krippe, da ist der Stall –
Bethlehem ist überall.
Einer: Wo es dunkel und einsam ist.
Wo du des anderen Schwester und Bruder bist.
Wo die Herzen zu Stein nicht werden.
Wo der Frieden einkehrt auf Erden.
Alle: Da ist die Krippe, da ist der Stall.
Bethlehem ist überall.
So laßt uns gehn, Bethlehem und das Kind zu finden.

Zu Beginn des Gottesdienstes bekommen alle eine kleine Kerze, die jetzt angezündet werden, indem Kinder von den Kerzen am Weihnachtsbaum das Licht in die einzelnen Reihen tragen. Nur noch die Kerzen brennen. Gemeinsam wird das *Vaterunser* gebetet und gesungen:

Lied: O du fröhliche ... (EG 44)

Segen
Jesus segne uns, schütze uns und trage uns.
Beflügle uns in guten Gedanken. Laß uns deine Boten werden.
Jesus segne uns, öffne uns die Ohren, Geheimnisse zu verstehen.
Verleih unserer Liebe Flügel.

1. Weihnachtstag

Annäherungen an den Predigttext Galater 4,4–7

Stefan Claaß

Text
Der Abschnitt sollte wegen seiner Dichte im Gottesdienst mehrfach zu hören sein, nicht nur einmal. Vielleicht kann er auch schriftlich verteilt werden.

Zeit
Was heißt: die Zeit ist erfüllt? War sie reif? Warum und wofür? Ist der Ausdruck ein Hinweis auf Gottes großes im voraus geschriebenes Geschichtsbuch?
Der Vers erinnert uns an Jochen Kleppers Lied: Der du die Zeit in Händen hast ... (EG 64).

Gesetz
Wir sind unsicher über das Verhältnis zwischen dem Gesetz, Christus und uns. Ist das Gesetz nun aufgehoben? Für alle? Oder ist die Aufhebung des Gesetzes ein Angebot für die, die sich durch Christus auf die Kindschaft einlassen wollen?
Wie paßt der Satz aus der Bergpredigt dazu, daß Christus nicht gekommen sei, das Gesetz aufzuheben, sondern zu erfüllen (Mt 5,17)? Oder meint gar »erlösen« (V. 5) etwas ganz anderes als »aufheben«?
Was ist mit dem »Gesetz« überhaupt gemeint: die ganze Thora – oder nur Teile, wie etwa die Speisegebote u. ä.?
Die 10 Gebote sind doch auch »Gesetz«, aber immer noch gültig für alle –?
»Gerecht werden« steht zwar nicht ausdrücklich im Text, aber inhaltlich ist es wohl mitgemeint - verstehen wir diese Wendung noch? Bei uns *ist* etwas gerecht, oder es *ist nicht* gerecht ...

Erbe
Von der Predigt erhoffen wir uns einige Informationen über das damalige Erb- und Adoptionsrecht.
Wie weit stimmt das Bild vom Erben? Wenn wir erben, ist dann der Erblasser gestorben? Sind wir Erben Gottes? Christi? Abrahams? (s. Gal 3.15)

Man kann ein Erbe auch verspielen - s. Gal 5,21 oder auch die Geschichte vom verlorenen Sohn.
Stimmt es, daß Sklaven immer Fremde waren, daß es also keine jüdischen Sklaven gab? Kann man sagen, daß wir durch Christus hineingenommen sind in die jüdische Kindschaft?

Vater
Gott überbrückt die Distanz, so daß wir rufen können: »Abba, lieber Vater!« Bei dieser Vater-Kind-Sprache soll ein Beziehungsbild entstehen. Welche Überlegungen gibt es in der theologischen und kirchlichen Diskussion darüber, ob die Benennung Gottes als Vater an ein Urbild erinnert, oder ob dieses Bild nicht doch sehr von unseren eigenen Erfahrungen geprägt ist?

Anlaß: Weihnachten
Zieht die »Erlösung vom Gesetz« die Grenzlinie zwischen Altem und Neuem Testament? Bedeutet Weihnachten einen Bruch in der Geschichte Gottes mit Israel / mit allen Menschen? Oder ist sie eine Fortschreibung mit anderen Mitteln?
Wir sind uns klar darüber, daß wir mit unseren Fragen viele verschiedene Predigten provozieren könnten. Wenn wir uns entscheiden müßten für ein Thema / ein Bild, so wäre es das Reden vom Erbe.

Zum Gottesdienst

Günter Scholz

Exegetisch-homiletische Skizze

Der theologisch sehr dichte Textabschnitt Galater 4,4–7 erschließt sich in seinem ersten Teil (in den Versen 4 und 5) zunächst vom voranstehenden Kontext her. Der zweite Teil (die Verse 6 und 7) ist eine Fortentwicklung des ersten und von da her zu verstehen, wiewohl er am Schluß wieder auf den Anfang von Kapitel 4 Bezug nimmt (Knecht, Erbe). Ich verstehe also die erfüllte Zeit als die vom Vater bestimmte Zeit (Vers 2) und das Gesetz als Inbegriff der »Mächte dieser Welt« (Vers 3). Erlösung geschieht auf dem Hintergrund von Unmündigkeit und Unfreiheit. Sie ist aber mehr als nur Befreiung zur Mündigkeit, sie ist eschatologisch qualifiziert (vgl. Galater 3,13).
Ich versuche die Worte »als die Zeit erfüllt war« in meine Sprache zu übersetzen, z. B.: »als es höchste Zeit war«. Dieser Ausdruck läßt zwar die gespannte Erlösungssehnsucht und die tiefe Erlösungsbedürftigkeit des Menschen erkennen, legt aber die Beurteilung der Zeit zu stark in unsere Hände. Ich spreche: »als die Zeit gekom-

men war«. Diese Umschreibung finde ich besser, insofern in ihr mitschwingt, daß Gott die Zeit heraufgeführt hat. Loslassen will mich dabei nicht der Gedanke, daß Gott einen großangelegten Erziehungsplan mit der Menschheit hat, in dem Gesetz und Gebot, Gericht und Gnade ihren Platz haben bis zu dem Zeitpunkt, da die erwachsen gewordene Menschheit in die Freiheit und Verantwortung entlassen wird, in der auch Schuld und Vergebung eine neue Dimension erreichen. Die Bilder, in denen der Galaterbrief spricht, legen diesen Gedanken nahe (vgl. Galater 3,24). Jedoch bin ich mir der Gefahr, das Bild zur Sache zu machen, bewußt. Der Entwicklungsgedanke darf nicht die Erkenntnis zunichte machen, daß der Zeitpunkt der Sendung des Sohnes völlig frei vom Vater bestimmt ist. Unbefriedigend ist, daß bei den bisherigen Überlegungen zu wenig von der Fülle der Zeit deutlich wurde. Ich übersetze neu: »als die ganze Segensfülle in der Zeit sichtbar wurde«. Das bringt mir die Lösung: Die Zeit ist *er*füllt, weil Gott uns an einem von ihm bestimmten Punkt in der Geschichte die Hände *ge*füllt hat mit der Sendung seines Sohnes und dieser Segensfluß andauert – wir brauchen nur Herzen und Hände zu öffnen (Vers 6). Sendung verstehe ich demnach nicht so sehr von ihrem Woher (Präexistenz), sondern von ihrem Wohin: Gott hat seinen Sohn für uns aus der Hand gegeben, in unsere Hände!

Damit zugleich unter das Gesetz. Da Paulus es hier mit den »Mächten dieser Welt« identifiziert, sind wir frei, es inhaltlich zu füllen. Er legt uns nicht fest auf die Thora, auf Gebote oder Gestirnskulte (vgl. Galater 4,10). Die Freiheit, den Gesetzesbegriff hier zu füllen, nehmen sich die Prediger denn auch:
- ein strenger und zugleich lieber Vormund (Ahlfeld, 1866)
- Venus, Bacchus, Mars; Astrologie; Orthodoxie (Köberle, 1960)
- »Jugendsklaverei« (= Schule), Verhältnisse (in Beruf und Gesellschaft), Vergänglichkeit (Evertz, 1982)

Ich möchte das Gesetz, unter dem wir stehen, von der Erlösung her interpretieren. Es gibt Gesetze, die wir keinesfalls ändern, und Abhängigkeiten, aus denen wir uns nicht mit eigenen Mitteln befreien können. Hier greift nur die Erlösung durch den Sohn. Ich nenne das vertikale Gesetz des Werdens und Vergehens. Es ist über uns verhängt. Es ist die Weltmacht schlechthin. Ihr Grundgesetz ist »panta rhei« (»alles im Fluß«). Ich nenne weiter das horizontale Gesetz des Gebens und Nehmens. Wir haben es uns selbst gegeben. Es ist die Weltmacht Nr. 2. Ihr Grundgesetz ist »do ut des« (oder: Es gibt nichts umsonst).

Nur der Sohn – selbst unter das Gesetz gestellt (Karfreitag; Matthäus 25,20) – kann aus diesen Gesetzmäßigkeiten erlösen, und er hat es getan. Er hat durch seinen Tod *den Tod überwunden.* Gottes ewige Liebe ist am Sohn offenbar geworden. Der hat uns zu Söhnen Gottes gemacht, so daß auch wir die ewige Liebe, das ewige Leben, erben. Die Antwort auf Gottes ewige Liebe ist unser Ruf: »Abba«. Der Sohn hat uns die Kindschaft *umsonst* geschenkt. Er hat das Gesetz des Gebens und Nehmens durchbrochen und damit unsere Sehnsucht nach kindlicher Unmittelbarkeit zum Vater gestillt. »Abba« ist nun die Sprache kindlicher Freude.

Das Vater-Bild möchte ich nicht weiter problematisieren. Es rückt für uns Erwachsene schon in ein anderes Licht, wenn ich statt von kindlicher besser von mündiger Unmittelbarkeit spreche. Problematischer erscheint mir, daß im Text der manchmal schmerzhafte Prozeß der Abnabelung übersprungen ist. Aber auch darüber möchte ich nicht predigen. Das ist hier nicht das Thema.

Vielmehr gipfelt der Text im Erbe-Sein der Söhne bzw. Kinder. Über das damalige Erbrecht bekomme ich kaum einen Zugang. Danach »setzt der Vater für den Fall des Ablebens für den unmündigen Sohn einen Vormund ein bis zu einem festen Ter-

min« (J. Becker, NTD 8, z. St.). Zur Sachhälfte paßt aber nicht der Tod des Vaters, allenfalls der von ihm gesetzte Termin. Trotzdem kann ich die Rede vom Erben verstehen. Der Hoferbe ist Erbe, auch wenn der Vater lebt; er kann das Erbe auch zu dessen Lebzeiten antreten. Das Erbe kann somit präsentisch oder auch futurisch qualifiziert sein. Der Sohn führt das vom Vater Geschaffene weiter, jetzt und wenn es ihm gegeben wird. Wer ist der Erbe in der Sachhälfte? Wir! Die unter dem Gesetz! In der Vergangenheit und jetzt. Die Söhne und Töchter Israels, die Söhne und Töchter Abrahams, die Söhne und Töchter Adams und Evas, potentielle Erben. Idee für einen – hier nicht realisierten – möglichen Anfang: Ich erinnere an die SAT-Serie »Erben gesucht«. Gott sucht Erben. Wir sind potentielle Erben, denn wir sind seine Kinder. Das Erbe liegt bereit. Wenn wir es nicht antreten, fällt es an ihn zurück, und er wird es anderen geben. Was ist das Erbe? Der Heiland (Ahlfeld)? Gottes Versprechen, die Welt nicht untergehen zu lassen (Vischer, 1957)? Gottes Geist (Becker)? Das ganze eschatologische Heil (Mußner)? Es ist nicht näher definiert. Wir sind wieder frei, es uns auszumalen. Für mich ist es Christus in Form seines Geistes, des Geistes der Liebe, der Freude, des Lebens.
Zum Weihnachtsfest bieten sich verschiedene Anknüpfungsmöglichkeiten: gefüllte Zeit, hochgespannte Erwartungen, erfüllte und unerfüllte Wünsche; Weihnachten und Karfreitag, der Sohn unter den Gesetzen der Welt; Schenken als Symbolhandlung für die Durchbrechung des Gesetzes des Gebens und Nehmens.
Die Textlesung bereite ich durch den möglichen Anfang so vor, daß sie verstehend gehört werden kann.

Vorschläge zur Liturgie

Eingangsgebet

Herr unser Gott! Wir danken dir, daß die frohe Botschaft von der Geburt Jesu bis zu uns kommt, und daß wir sie jetzt untereinander hören dürfen. Du kennst uns und weißt, was es uns schwer oder gar unmöglich macht, sie recht zu vernehmen. Deshalb bitten wir dich: laß uns jetzt nicht allein mit unseren Gedanken und unseren Gefühlen. Sondern mach uns durch deinen Geist frei und aufgeschlossen für dein Wort. Amen.
(W. Vischer in: Basler Predigten 21/1958, Nr. 9, S. 3)

Sündenbekenntnis

Wir bekennen vor Gott, daß wir uns den Gesetzmäßigkeiten und Sachzwängen dieser Welt mehr beugen als ihm. Daß wir uns ihnen verschreiben, führt zu weniger Menschlichkeit, mehr Unlauterkeit, zuletzt zu Kampf und Krieg. Daß wir aus ihnen nicht ausbrechen, wo wir es könnten, ist unsere Schuld.

Gnadenzusage

Hört die Gnadenzusage Gottes, ausgesprochen durch den Apostel Johannes: »Seht, welch eine Liebe uns der Vater erzeigt hat, daß wir Gottes Kinder heißen sollen, und wir sind es auch (1. Johannes 3,1).

Fürbitte

Vieles ist gewaltig, Herr, doch niemand und nichts ist mächtiger als du. Darum sei bei denen, die unter den Mächten der Welt leiden:

- bei denen, die unter dem Gesetz der Vergänglichkeit leiden: bei den jungen Menschen, die oft hin und her geworfen werden zwischen Lebensgenuß und Nichtigkeitserfahrung; bei denen, die ihren Ruhm und ihre Glanzzeit dahinschwinden sehen; bei denen, die den Hauch des Todes zu spüren meinen. Gieße deinen Geist in ihre Herzen, den Geist der Liebe, den Geist der Freude, den Geist des Lebens.
- bei denen, die unter dem Gesetz des Gebens und Nehmens leiden: bei denen, die sich ausgebeutet und ausgenutzt fühlen, weil ihre Leistung nicht angemessen honoriert wird; bei denen, die nichts zu geben haben und daher auch nichts bekommen; bei denen, die nichts hinnehmen können und es dem anderen geben müssen. Füll du ihnen die Hände mit Anerkennung, Durchhaltekraft und Gelassenheit.

Laß uns alle, so wie wir sind, deine Kinder sein und mach uns zu Erben deines Reiches. Darum bitten wir dich: Vater unser …

Lieder

Dies ist der Tag: EG 42; Ich bin getauft auf deinen Namen: EG 200; Dir, dir, o Höchster, will ich singen: EG 328; Ausgang und Eingang: EG 175

Vorschlag zur Predigt

Möglicher Anfang

Viele Wünsche sind uns gestern abend erfüllt worden. Manches haben wir vielleicht erwartet, anderes kam unverhofft als Überraschung. Vieles bleibt aber auch offen, weil wir es uns nicht erfüllen können, nicht aus Geldmangel oder weil es bestimmte Dinge auf dem Markt nicht gäbe, sondern weil es Dinge gibt, die wir uns nicht kaufen können. Dazu gehört auch das, was wir uns z.B. auf den Grußkarten zu den Festtagen wünschen: Gesundheit, Segen, Friede auf Erden.

Manche von uns denken zurück. Sie denken zurück an die Tage der Kindheit. Weihnachten war wie von einem mystischen Schleier umgeben. Könnte ich doch noch einmal Kind sein und mich freuen, das Geheimnis empfinden, beschenkt werden wie damals. Aber die Zeit bleibt nicht stehen. Sie schreitet voran, vom Anfang bis zum Ende unseres Lebens hin. Das ist das Gesetz der Zeit, das Gesetz des Werdens und Vergehens. Unter diesem Gesetz leben wir. Dieses Gesetz liegt auf uns. Dieses Gesetz können wir nicht aufheben. Es ist über uns verhängt.

Einmal noch Kind sein und sich beschenken lassen. Wie schön wäre das. Ja, schon, wir beschenken uns; aber wie schwer fällt es uns oft, für den anderen das Richtige zu finden. Und dann soll es auch angemessen sein. Geben und

Nehmen soll sich die Waage halten. Aber da bewegen wir uns bereits in den Bahnen eines weiteren Gedankens, dem wir unterliegen, des Gesetzes des Gebens und Nehmens. Das Gesetz des Gebens und Nehmens sagt uns: Geben und Nehmen müssen sich die Waage halten. Es sagt uns weiter: Nichts ist im Leben umsonst. Dieses Gesetz bestimmt uns, aber es ist nicht einfach über uns verhängt, wir haben es uns gegeben. Seit Menschengedenken hat es sich so herausgebildet, und wir können kaum noch anders als in den Bahnen dieses Gesetzes zu denken. Wir sind da hinein gebunden. Und gerade darum wünschen wir uns: Einmal noch Kind sein und sich einfach nur beschenken lassen.

Liebe Gemeinde! Zu Weihnachten dürfen wir das, uns einfach nur beschenken lassen. Zu Weihnachten sind wir das, Kinder. Zu Weihnachten wird dieser Wunsch Wirklichkeit, gegen alle Erfahrung der vergehenden Zeit und gegen alle Gewöhnung an das Prinzip des Gebens und Nehmens. Wir dürfen Kinder sein, Kinder unseres Vaters im Himmel, Kinder, Söhne und Töchter Gottes, und wir sind es auch. Wir sind es, weil Gott die Gesetze, denen wir unterworfen sind, aufgehoben hat. (Es folgt die Textlesung)

Zum weiteren Verlauf

Das ist als die Botschaft von Weihnachten nun zu markieren, daß Gott die Gesetze, denen wir unterworfen sind, aufgehoben hat in Jesus Christus. Jesus Christus ist Gottes Geschenk an uns, mit ihm hat er uns die Hände gefüllt und damit unsere Sehnsucht erfüllt, die Macht des Werdens und Vergehens und die Macht des Gebens und Nehmens zu überwinden. »Einmal in der Geschichte der Menschheit hat Gott seinen Sohn für uns aus der Hand gegeben und uns die Hände gefüllt. Einmal in der Geschichte der Menschheit wurde die Zeit eine für uns mit Segen gefüllte Zeit, und dieser Segen wirkt bis heute fort – gegen alles Dunkle, das wir um uns herum erleben. Einmal in der Geschichte der Menschheit wurde uns etwas umsonst geschenkt, der Sohn, und diese Gabe wirkt bis heute fort. Sein Geist ist in uns – gegen alles Dunkle, das sich in uns erhebt.«

Ich möchte das Geschenk jetzt im paulinischen Sinne weiter entfalten.

1. Ich verweise auf Jesu eigenes Werden und Vergehen, Weihnachten und Karfreitag, zugleich aber auch darauf, daß er »das Vergehen zugleich überwunden« hat: »Gottes Liebe ist an ihm offenbar geworden, aber nicht nur an ihm und für ihn, sondern uns zum Zeichen und uns zugute. Denn wie an ihm, so auch an uns. So hat Christus uns erlöst aus dem Gesetz des Werdens und Vergehens, indem er sich uns gleichgemacht hat, indem er uns die Kindschaft mitgebracht hat.« Ich denke an den Schlager der Gruppe DÖF, in dem der Haß verkündet: »Seit 2000 Jahren lebt die Erde ohne Liebe. Es regiert der Herr des Hasses.« Und im Kontext dazu singt die Liebe: »Ich düse, düse, düse im Sauseschritt und bring die Liebe mit von meinem Himmelsritt.« Nicht unbedingt zitieren, aber

in dem Sinne zu gebrauchen, daß der Herr des Hasses schon abgesetzt ist, weil Gottes Liebe ausgegossen ist in unsere Herzen, einmalig in einer Nacht vor 2000 Jahren, aber bleibend und fortwirkend, gleichsam als Erbe. Wir erben die ewige Liebe Gottes und damit auch das ewige Leben. Ich beschreibe das vorgeburtlich (»du bist ein Gedanke Gottes«), auf dieses Leben bezogen (»hast du nicht dieses verspüret«) und das Ende bedenkend (»wenn alles bricht, Gott verläßt dich nicht«). Ich vertiefe es auf dieses Leben bezogen: Wir haben das Erbe angetreten als Söhne und Töchter mit allen Rechten und Pflichten (forschen und bauen – pflegen und bewahren; frei sein – verantwortlich handeln). Unsere Antwort auf diese Liebesgabe: »Ausgang und Eingang, Anfang und Ende / liegen bei dir, Herr, füll du uns die Hände.«

2. Immer wieder neu bitten wir um diese Fülle, denn wir unterliegen noch den Gesetzen. Aber Jesus hat sie durchbrochen, auch das Gesetz des Gebens und Nehmens, denn wir haben die Kindschaft umsonst erhalten und mit ihr auch Gottes Geist der Liebe, der Freude, des Lebens. Beispiele: selbstlos Liebe schenken; kindliche Freude über weihnachtlichen Glanz (bei Kindern und solchen, die es geblieben sind); das Leben lieben und es dankbar genießen. »Danke, lieber Vater, für die Heilige Nacht und diesen hellen Tag.«

Möglicher Schluß
So sind wir heute wieder Kinder und dürfen es sein. Wir dürfen dieses Geschenk empfangen, ohne gleich an das Geben zu denken. Das Geben kommt von selbst; es ist kein Bezahlen, sondern es fließt aus dem Herzen: »Abba, lieber Vater«. Wir dürfen dieses Geschenk empfangen, ohne dabei unsere natürlichen Grenzen zu überspringen. Wir müssen sie nicht überspringen wollen, denn wir werden hinübergeführt. Ein Geschenk, unsichtbar und doch bleibend und doch ganz ausfüllend, einmalig und doch immer wieder.

Kontexte

»Ich weiß, was ich mir wirklich zu Weihnachten wünsche. Ich möchte meine Kindheit wiederhaben. Niemand schenkt sie mir ... Ich weiß, daß es unvernünftig klingt, aber was hat Weihnachten mit Vernunft zu tun? Weihnachten hat etwas mit einem Kind von ganz früher und ganz weit weg zu tun, und es hat etwas mit einem Kind von jetzt zu tun. In dir und in mir. Es wartet hinter der Tür unseres Herzens darauf, daß etwas Wunderbares geschieht.« (Robert Fulghum aus: J. Bradshow, Das Kind in uns, Deutsche Ausgabe © 1992 Droemer Knaur Verlag, München)

»Bezeichnenderweise gehört zu den Anlässen, der Sehnsucht nach allem, was mit Kindheit und Kindsein zu tun hat, das Weihnachtsfest; denn mit ihm sind Erinnerungen an die eigene Kinderzeit verknüpft ... Die meisten Menschen wurden durch den Ernüchterungsprozeß, den »Ernst des Lebens« im Berufsalltag ihres kindlichen Gemüts, das sie eigentlich ein Leben lang begleiten sollte, beraubt. Sie warten vergeblich darauf, daß ihnen ‚warm ums Herz' wird ... Die Kinder sind es, die den Erwachsenen helfen, die Nüchternheit und Hektik ihrer Alltagsroutine hinter sich zu lassen. Sie führen uns vor Augen, was ohne sie aus unserem Blickfeld zu verschwinden droht. Ihr Glaube ans Wunderbare überträgt sich auf alle, die den Zugang zu ihrer eigenen Kindheit noch nicht ganz verloren haben.« (Ruth Martin, Zeitraffer - Der geplünderte Mensch, © S. Fischer Verlag GmbH, Frankfurt/M. 1993, S. 200–202)

2. Weihnachtstag

Annäherungen an den Predigttext 2. Korinther 8,9

Dagmar Maxin-Schnell

Über den Predigttext habe ich mit Frauen gesprochen, die sich auf Kirchenkreisebene ehrenamtlich in der Frauenarbeit engagieren. Die Gruppe umfaßte 7 Frauen im Alter von 53 bis 80 Jahren. Die Auseinandersetzung mit dem Text fand in zweifacher Hinsicht statt: 1. Was löst der *Text* bei mir aus? 2. Wie verstehe ich ihn als *Text am 2. Weihnachtstag?*
Die Diskussion war sehr lebhaft. Es bildeten sich schnell zwei Gruppen mit differenten Standpunkten. Hierin spiegelt sich für mich eine Spannung wider, die im Text selber schon angelegt zu sein scheint: hochtheologische Begrifflichkeit (»Gnade«, »um euretwillen«) ist verknüpft mit Adjektiven, die leicht emotionale Assoziationen hervorrufen (»arm«, »reich«). Das wiederum führt dazu, daß die eigene Glaubenserfahrung zur Sprache gebracht wird. Im nachfolgend skizzierten Gespräch wird diese Spannung mit den Positionen A und B gekennzeichnet.
Text: Denn ihr kennt die Gnade unseres Herrn Jesus Christus: obwohl er reich ist, wurde er doch arm um euretwillen, damit ihr durch seine Armut reich würdet.

1. Was löst der *Text* bei mir aus?

A: Der Satz löst Widerstand aus. Mit erhobenem Zeigefinger wird ein Anspruch deutlich: Strengt euch an, denn um euretwillen ... – Das macht Druck.

B: Der Satz spricht an: Es geht hier nicht um materielle Dinge, sondern um Gott und Mensch; der Gottessohn geht in die Armut der Menschheit aus dem Reichtum der Gotteswelt, damit die Menschen den Reichtum Gottes erkennen, erfahren und dadurch reich werden.

A: Das kommt nicht rüber, der Satz ist zu intellektuell.

B: Er ist provokativ: Ihr kennt die Gnade.

A: Das ist eine Ermahnung!

B: Wir brauchen die Ermahnung. Jesus sagt doch auch: Habt ihr immer noch nicht begriffen?

A: Gerade diese Ermahnung löst Widerstand aus, genauso wie das Wort Gnade: Ihr bin ich ausgeliefert, ich kann nichts dafür tun. Ich muß würdig sein, um die Gnade zu empfangen. Liebe ist besser als Gnade.

B: Egal wie ich bin, ich darf so sein, wie ich bin bei Gott, das ist Gnade. Es ist mir geschenkt, daß ich glauben kann. Gnade ist größer als Liebe. Gnade als Zusage ist etwas anderes als »gnädig sein«.

A: Der Text ist ein theologischer Satz des Paulus. Paulus nimmt den nahen Jesus weg (den aus der Bergpredigt) und macht eine Theologie daraus. Paulus entfremdet Jesus.

B: Paulus holt das Wichtige hervor, er erklärt es: Jesus ist die zugewandte Seite Gottes.

A: Jesus ist unser Bruder, wir sind alle Söhne und Töchter Gottes. Jesus war auch ein Mensch.

B: Er hat keine Fehler gemacht.

A: Aber Jesus geht anders mit uns um als Paulus. Seine Sprache ist »Kirchensprache«, die man nicht verstehen kann: Obwohl er reich ist, wurde er doch arm - obwohl er Gott ist, wurde er Mensch - um euretwillen ... - Das ist von oben nach unten.

B: So ist es doch auch: Obwohl er Gott ist, wurde er Mensch, kam Gottes Herrlichkeit in unsere menschliche Armut.

A: Arm und reich, unten und oben, das erinnert an die kirchliche Hierarchie!

B: Wir müssen mit Paulus ins Gespräch kommen: »... damit ihr durch ...« das ist eine theologische Aussage: Jesus zeigt uns das wahre Leben, wenn wir Mitmenschlichkeit leben, dann ist das Reichtum.

A: Er ist für euch gestorben, heißt das nicht: Du bist schuld?

B: Das ist eine befreiende Botschaft.

A: Schlimm, daß ein anderer etwas für mich auf sich genommen hat.

B: Wir hatten es nötig.

A: Wo man aufrechnet, da ist keine Liebe.

B: Es geht um ein Geschenk für uns: Seine Armut ist das Geschenk der Gnade, damit wir erkennen, was wirklich reicht macht.

2. Wie verstehe ich ihn als *Text am 2. Weihnachtstag?*

A: Der Text wird zu Weihnachten nicht leichter. Er verstärkt das Gefühl von oben nach unten, reich und arm nur noch mehr.

B: Das Geschenk der Gnade ist das Kind. Damit wird der Text gerade am Weihnachtsfest leichter zu verstehen. Gott gibt sein Kind, soviel Vertrauen hat er zu uns.

A: Gott in uns muß deutlicher werden. Wir müssen erwachsener werden und wissen, was wir tun sollen. Aber nicht mit dem Zeigefinger und in theologischen Rätseln.

B: Es geht zu Weihnachten nicht nur um das kleine Kind, gerade das kann durch diesen Text am 2. Weihnachtstag deutlich werden. Der erwachsene Glaube ist gefordert, damit wir das Geschenk der Gnade annehmen können.

A: Dafür dürfen aber keine Vorschriften gemacht werden. Ich möchte mich auf diesen Text einlassen können mit den Fragen: welcher Reichtum ist gemeint und was bedeutet hier Armut?

B: Der Weg zu diesem Satz kann mich ihm näherbringen. Wie war die Situation damals, wie ist sie heute?

Zum Gottesdienst

Anselm Friederich

Exegetisch-homiletische Skizze

Am 2. Weihnachtstag sind die Anspannung des Heiligen Abends und die Müdigkeit des Tages danach überstanden, das weihnachtliche »Pflichtprogramm« ist mehr oder weniger geschafft. Manche Menschen atmen auf - und gehen gerade in dieser Situation gerne in die Kirche (z. T. zahlreicher als am 1. Festtag), um sich unter weniger äußerem und innerem Druck dem Wesentlichen von Weihnachten zuzuwenden. Die Gottesdienstbesucher kommen aus dem Kreis ihrer Familien, erfüllt mit glücklichen und schmerzlichen Begegnungen, beglückt und erschöpft vom Schenken und Beschenktwerden, gestärkt und belastet von üppigen Mahlzeiten. Oder sie kommen aus großer Einsamkeit und Leere. Die Erwartung ist jedenfalls hoch, auch wenn sie vielleicht »gelassener« und »wacher« ist als in den anderen Weihnachtsgottesdiensten.

Da wird die Gemeinde konfrontiert mit einem knappen, aber hochkonzentrierten Predigtwort, welches leicht - so zeigt das Gespräch - an wunde Punkte des bürgerlichen Gewissens rühren und schnell als zudringliche Belehrung und Gängelei empfunden werden kann. In der Tat: Paulus will etwas Konkretes von seinen Lesern in Korinth. Sie sollen Geld spenden für Bedürftige in Jerusalem. Verabredet worden war diese Kollekte beim ersten und einzigen Treffen zwischen Paulus und den sogenannten »Säulen« der Jerusalemer Gemeinde (Galater 2,10). Das 9. und das 8. Kapitel des 2. Korintherbriefes sind zwei eigenständige Briefe, die er gezielt diesem Projekt widmet. (Zur guten Begründung der Eigenständigkeit von 2. Korinther 9 und 2. Korinther 8 vergleiche Wendlands Kommentar im NTD S. 7-11 und die gründliche Studie von Hans Dieter Betz »2. Korinther 8 und 9 - ein Kommentar zu zwei Verwaltungsbriefen des Apostels Paulus«, deutsch 1993) Anscheinend hat es nach einem guten Start der Sammlung in Mazedonien eine Stillstandsphase gegeben, vielleicht mitverursacht durch die Konflikte zwischen den Korinthern und Paulus, das Vorhaben ist aber letztlich erfolgreich durchgeführt worden (vgl. Römer 12, 25-28).

Paulus will die Korinther davon überzeugen, daß es für sie angemessen und ehrenhaft (im klassischen, auch religiösen Sinne) sei, sich an einer Sache zu beteiligen, die er interessanterweise »charis« nennt (2. Korinther 8,1). Unsere Übersetzung sagt dafür »Gnade«, doch der Begriff »umfaßt eine ganze Bandbreite von Bedeutungen« (Betz, S. 86 f.), »Anmut« z. B. und - nicht zuletzt: »Geschenk«. »Dieser Aspekt des Wortes ruft die enorme Bedeutung des Schenkens in der antiken Welt ins Gedächtnis. Heute ist das Schenken eine ganz und gar säkulare Angelegenheit. In der Antike jedoch war das Geben von Geschenken nicht nur eine grundlegende Form von sozialem Verhalten, sondern es war auch tief in der religiösen Praxis verwurzelt. Bei den antiken Völkern hing das Schenken in all seinen Formen mit rituellen Opfern zusammen. Paulus macht sich diese untergründigen Assoziationen zunutze, wenn er die Gnade Gottes, die sich in der christlichen Erlösung manifestiert, mit der Geldspende in Verbindung bringt, die von denen erwartet wird, die an dieser Erlösung teilhaben.« (Betz, a.a.O.)

Die enge Verbindung von Religiösem und Finanziellem – erzeugt sie eine ideologische, vielleicht unverständliche Kirchensprache oder läßt sie sich deuten als Ausdruck eines weltzugewandten Lebens, das gerade durch seine Ganzheit imponiert, weil es nicht mehr spaltet in Glaube hier und Wirtschaft da?

Deutlich und anstößig ist auf jeden Fall, wie ungeniert Paulus den Christus als Beispiel präsentiert, als maßgeblichen Menschen in der heiklen Frage, wie man mit Besitz umgehen soll. Die »Stoßkraft« seiner Erinnerung an Jesu Weg ist im Rahmen des Kollektenbriefes unzweifelhaft klar: »Die Kollekte für Jerusalem bietet genau die richtige Gelegenheit, angemessen auf das Beispiel Christi zu reagieren.« (Betz, S. 118) Was fangen wir damit an? Inwiefern ist Christus in Besitzfragen beispielhaft? War er selber arm im Sinne von besitzlos? Das kann man vermuten, aber aus dem Neuen Testament nicht direkt belegen: Der berühmte Hymnus in Philipper 2 spricht nicht von dem Gegensatz zwischen Reichtum und Armut. »Nirgends in den Evangelien, nicht einmal in Matthäus 8,20, findet sich ... irgend etwas darüber, daß Jesus seinen Reichtum aufgegeben habe.« (Betz, S. 119) Ein Milieu der Armut allerdings malen die Geburts- und Kindheitsgeschichten. Sie bilden den Ausgangspunkt der Lehre von der Armut Christi, die besonders im Mittelalter große Bedeutung erlangte. Betz (a.a.O.) zitiert als typischen Vertreter der »paupertas Christi« Cornelius a Lapide mit den Worten: »Christus, der König der Könige, wurde euretwegen arm, als er im Stall geboren wurde, weil kein Raum für ihn war in der Herberge. Statt seines Königsthrones diente ihm eine Krippe; als Bettzeug Heu; als Heizung der Atem von Ochs und Esel; als Vorhänge Spinnweben; als guter Duft Stallgeruch; als Purpur schmutzige Lumpen; als seine Umgebung Ochs und Esel; als Adlige Joseph und Maria. So war auch sein ganzes weiteres Leben von Armut gezeichnet ...«

Sollen wir eine so lebendige, plastische Auslegung abtun als Legende, als überholt, da wissenschaftlich nicht haltbar? Das geht leicht, aber bedeutet es nicht ein Ausweichen und eine Verkümmerung? Ist die Vorstellung eines »stinkarmen« Jesus Christus für unseren zweiten Feiertag so unerträglich? Die Basisgemeinde S. Egidio in Rom hat in ihrer Kirche statt der sonst üblichen Heiligenbilder Photographien aufgestellt, welche römische Kinder und Senioren zeigen, die tatsächlich in Armut leben. In Anlehnung daran schlage ich vor, im Gottesdienstraum die Weihnachtskrippe mit Bildern oder Gegenständen zu bereichern, welche von der Armut an unserem Ort zeugen: Photos von Obdachlosen z. B. oder von Warteschlangen vor dem Arbeitsamt, eine Verpflegungspackung für Asylbewerber, ein Sozialhilfeantrag u. ä. Unter Umständen könnte die Predigt von dieser verfremdeten Krippe ausgehen, die Geburtsgeschichte Jesu erzählen und dann erzählend fortfahren mit Geschichten, die Jesus in weiterer, übertragener Weise als arm schildern: Sein Weinen über Jerusalem etwa, sein Einzug in der Stadt, seine Rolle bei der Fußwaschung, seine Einsamkeit in Gethsemane und beim Sterben.

Denn so wichtig es mir scheint, bei Jesu Armut nicht von vornherein das Materielle auszuschließen, so wichtig scheint es mir auch, das Geistig-Seelische unbedingt mit einzubeziehen. Die grundsätzliche Frage: »Welcher Reichtum ist gemeint und was bedeutet hier Armut?« aus den »Annäherungen« weist ja schon über das rein Materielle hinaus. Sie hat die Christenheit von Anfang an bewegt und war schon in der

Alten Kirche ein Gegenstand intensiver Auseinandersetzung. Was ist Armut, wenn sie mehr ist als Geldmangel? Johannes Chrysostomos antwortet: »Das Wesen der Armut liegt darin, daß man auf fremde Hilfe angewiesen ist. Von diesem Gesichtspunkt aus ist auch der König der Bettler, insofern er auf seine Untertanen angewiesen ist.« (Aus der Homilie zum 1. Timotheusbrief, zitiert nach »Texte der Kirchenväter«, hrsg. von A. Heilmann und A. Kraft, Bd. III, S. 410)
Armut ist Abgängigkeit von fremder Hilfe, – das ist meines Erachtens eine Einsicht, die für den gesamten Gottesdienst entscheidend ist! Die teilweise heftige Abwehr des Textes bei kirchlich engagierten Frauen hat ihren guten Grund darin, daß eine Christusbotschaft, die mich in meinem Gewissen abhängig macht (nach dem Motto: »Das tat Christus für dich, was tust du für ihn?)« kein bereicherndes Geschenk, kein Evangelium ist, sondern meine seelische Armut auf ewig festschreibt. Das ist erniedrigend. Das kann nicht das Ziel unseres Gottesdienstes sein. Im Gegenteil: Die Gottesdienstbesucher sollen vor allem anderen spüren, wie reich sie sind, wie umfassend und wie erfüllend der Reichtum Christi ist, an dem sie teilhaben. Sie sollen frohen Herzens und ungeniert zu diesem Reichtum stehen: »Hat Gott dich reich gemacht, was machst du dich selber arm?« fragt Johannes Chrysostomos (a.a.O. S. 409) erfrischend direkt, und zeigt damit, wie absurd es ist, sich selbst Gottes Reichtum zu mißgönnen.
»Reichtum« bedeutet ursprünglich »Fülle an Lebensgüter« (vgl. Artikel »Plutos« von F. Hauck und W. Kasch im Th. W. z. NT VI, S. 327 f.). Bei Paulus ist er »ein Ausdruck zur Kennzeichnung des Seins Christi, des Wirkens Gottes in Christus und der eschatologischen Situation seiner Gemeinde« (ebd.). Letztlich kommt es dabei nicht auf Geldmengen an, sondern auf die Frage des Umgangs damit. »Der wahre Reichtum ist die Liebe, die ... darauf vertraut, daß Gott jedes Bedürfnis entsprechend seinem Reichtum in Herrlichkeit erfüllen wird (Philipper 4,10), und die deshalb auch eine offene Hand ... besitzt.« (ebd.)
Doch diese Liebe lebt sich nicht in ungebrochener Harmonie. Dieser Reichtum entfaltet sich nicht gradlinig. Diese Einsicht haben besonders die Mystiker immer wieder formuliert. Die Fülle der Liebe tritt erst ein, wenn wir leer geworden sind. Die Freiheit stellt sich erst ein, wenn wir es aufgegeben haben, Macht auszuüben. Paulus notiert als persönliche, paradoxe Erfahrung in 2. Korinther 6: Wie leben er und seine Freunde? »Als die Armen, aber die doch viele reich machen; als die nichts haben und doch alles haben.« Entsprechend empfiehlt Johannes Chrysostomos: »Verachte das Geld, wenn du Geld besitzen willst. Wenn du reich sein willst, werde arm. Das sind die Paradoxe Gottes. Er will nicht, daß du durch eigene Anstrengung reich wirst, sondern durch seine Gnade. ‚Überlaß das mir', spricht er ...« (a.a.O. S. 409).
Müssen wir am zweiten Weihnachtstag einen widersprüchlichen Brocken schlucken oder können wir uns Gott überlassen, so reich und so arm wie wir sind? Die kritisch zurückfragenden Hörerinnen zeigen, wie die zweite Möglichkeit wirklich werden kann: »Gott in uns muß deutlicher werden.« Dafür sollte der Gottesdienst Zeit und Raum eröffnen. Daß Gott schon »in uns« ist, deutet ja auch der Predigttext an. »Ihr kennt ...« sind seine ersten Worte. Was wir schon kennen, muß irgendwo tief in uns sein.

Vorschläge zur Liturgie

Aus dem *Psalm des Tages (Psalm 96)* eignen sich die Verse 2 und 3 gut als Eingangsspruch. Der Psalm läßt sich auch schön im Wechsel zwischen Liturg und Gemeinde beten.

Ein anderer möglicher Eröffnungsspruch ist Galater 2,20a. Im direkten Anschluß an dieses Wort schlage ich folgendes *Sündenbekenntnis* vor:
»Ich selbst müßte abnehmen, damit Du, Christus, in mir zunehmen kannst.
Ich selbst müßte loslassen, damit Du mich übernehmen kannst.
Ich müßte leer werden, daß du mich erfüllen kannst,
mich opfern, daß Du in mir leben kannst.
Ich müßte, -- ich weiß es!
Aber ich tue mich schwer, ich stelle mich quer, ich weiche aus,
ich verhärte mich.
Rühre mich an, lebendiger Christus, damit ich mich neu von Dir beschenken lasse!
Kyrie eleison ...«
(nach einer Vorlage aus E. Kerling, Geborgen in Dir, Biblisch beten und meditieren. (leicht verändert) Don Bosco Verlag, München)

Ein anderes geprägtes *Eingangsgebet*
Christus, Du Licht der Welt, Du bist die Mitte unserer Gemeinschaft. In Deinem Lichte sehen wir einander anders an. Jeder und Jede von uns möchte gut sein, Gutes tun, Güte verbreiten und Güte spüren. Jeder und jede möchte Licht sein von Deinem Licht. Christus, leuchte uns! Sei hier zugegen wie das Licht der Kerzen, tröstlich und erhellend.«

Als *Gnadenspruch* eignet sich sicherlich der Predigttext selber, aber auch Lukas 19,10: »Der Menschensohn ist gekommen, zu suchen und selig zu machen, was verloren ist« bzw. die Erinnerung an die Engelsbotschaft vom Heiligabend: »Fürchtet euch nicht, siehe, ich verkündige euch große Freude, denn euch ... ist der Heiland geboren.« (vgl. Lukas 2,10 f.)

Als ein nachdenkliches *Schlußgebet* schlage ich folgenden Text vor, den auch Kinder und Jugendliche teilweise übernehmen können:

1. Jugendliche(r):
Brauchst du Geschenke, um das Christfest zu feiern,
brauchst du den Baum und die Lichter,
Gesundheit und friedliche Zeiten?
Brauchst du die Hirten, die Engel,
die bunten Gestalten der Krippe,
brauchst du das alles, um zu sagen
»Ja, ich bin reich beschenkt«?

2. Jugendliche(r):
Denk an die Zeiten, die keine Reichtümer kannten,
denk an die Häuser, wo Kranke und Elende leben,
denk, daß die Lichter und Bäume
und daß die Lieder der Weihnacht
erst viele Jahrhunderte nach der Geburt des Kindes

die Stuben so festlich schmückten
und daß der Glaube an den Frieden auf Erden
ein Weltreich besiegte - ohne den Schimmer der Weihnacht.
Denk an die Zeugen
Johannes, Markus, Paulus,
die sicher weniger besaßen als wir,
und doch den Reichtum Gottes verkündeten:

1. Kind:
»Ihr kennt die Gnade Christi:
Obwohl er reich ist, wurde er arm.«

2. Kind:
»Um euretwillen wurde er's.
Ihr seid durch seine Armut reich geworden.«

Liturg/Liturgin:
»Dank für alles,
für den Baum und die Licht,
für die Glocken und Lieder,
Dank für die Gaben, die Gesundheit, den Frieden,
für jede Waffe, die heute schweigt,
Dank für *unsere* Hirten und *unsere* Engel,
für die Ruhe der Feiertage und ihre Musik.
Dank für das Licht in der Nacht,
das Kranken, Armen, Zweifelnden und Schuldigen leuchtet
und für die Botschaft von Jesu Armut,
die die Krippe bewahrt vor dem Flimmer
und vor unserer Lust, uns selber zu feiern.«

In der *Abendmahls-Liturgie* eignet sich als *Präfation* ein Lob aus dem großen Gebetbuch der äthiopisch-orthodoxen Kirche:
Recht ist es, dir zu danken, o Herr Jesus Christus! Du wurdest den Taubstummen Sprache, den Zerbrochenen Stab, den Blinden Licht, den Lahmen Weg, den Aussätzigen Arzt.
O Herr! Du heiltest die Kranken und gabst den Verstummten Mut zum Reden. Du überwandest den Tod und zerstörtest die Dunkelheit. Du schufst das Licht der Sonne, das nicht erlischt.
Du schufst dies alles durch deinen Willen als Schmuck der Welt. Du erschienst sichtbar in Menschengestalt, um die Menschheit zu retten. Du bist der Erneuerer der Seelen.
Du Ursprung aller Dinge. Du Zierde der Welt. Du bist die Klugkeit und die Weisheit Gottes. Dein Dasein ist unveränderlich und unerforschlich. Du bist der Botschafter des Guten. Herrlich ist dein Name. Darum, o Herr, loben wir dich, wir, Deine Diener, und singen anbetend: Heilig, Heilig, Heilig ...
(aus: K. Zelleke: Die Freude Äthiopiens, Gebete und Meditationen © missio, D-52064 Aachen)

Lieder
Das neue Evangelische Gesangbuch enthält eine Fülle von Weihnachtsliedern. Daneben scheinen mir zwei weitere zum Predigttext besonders gut zu passen:

- D. Zils hat zur Melodie eines kroatischen Volksliedes den Text »Du kleines Kind am Rand der Welt ...« gedichtet. Das Lied findet sich in »Mein Liederbuch« 2, »Ökumene heute« B 141.
- In der Sammlung der Lieder aus Taizé, Jahrgang 1994, findet sich als Nr. 16 der Kanon »confiance du coeur«, auf Deutsch: »Vertrauen des Herzens, Quelle des Lichtes, Jesus, schenk uns das Herz eines Armen«.

Vorschlag zur Predigt

Möglicher Anfang
Es gibt Geschenke, die macht man später auf. Nicht gleich bei der Bescherung am Heiligen Abend. Es gibt Geschenke, für die möchte man etwas mehr Muße, eine ungestörte Atmosphäre, einen stillen Rahmen. Denn an irgend etwas hat man gemerkt – am Geschenkpapier vielleicht, am Format, vielleicht auch am Namen auf der beiliegenden Karte – daß man diesem Geschenk ganze, volle Aufmerksamkeit schuldig ist.
Geschenke sind etwas sehr Persönliches! Ob klein oder groß, sie sagen viel über den Schenkenden und was ihm der andere, dem er etwas schenkt, bedeutet. Geschenke spiegeln etwas vom Wesen der Menschen, von der Art ihrer Verbindungen.
Diejenigen Geschenke, die ich lieber erst später aufmache, sind oft von denen, mit denen mich besonders viel verbindet. Unser Predigttext kommt mir vor wie so ein Geschenk. Vom äußeren Format her ist er klein. Vom Inhalt her umgreift er viele Menschen und Zeiten. Er besingt das Wesen Gottes, seine Zuwendung zu uns, seine Hingabe an uns. Jedes echte Geschenk ist eine Gabe des Eigenen; wer wirklich schenkt, schenkt sich immer selbst mit. Der Text sagt, wie sich Gott in Jesus, dem Christus, verschenkt. Er besingt Jesu Lebensweg: »Ihr kennt die Gnade unsres Herrn Jesus Christus: Obwohl er reich ist, wurde er doch arm um euretwillen, damit ihr durch seine Armut reicht würdet.«

Zum weiteren Verlauf

- Auf Anhieb ein erschreckendes Geschenk: Es spricht von der Spannung »Reich – Arm«, d.h. es berührt eine offene blutende Wunde! Diesen Schrecken aushalten. Einige Gesichter der Armut anschauen. Betrachten, wie dabei materielle und geistige Not (Abhängigkeit) ineinandergreifen.
- »Er wurde arm um euretwillen ...«: Noch schlimmer! Die Armut des einen zugunsten eines anderen, – das erinnert an den Luxus der »Ersten«

Welt auf Kosten der »Dritten« oder an Eltern, die sich nichts Gutes gönnen, um alles für ihre Kinder zu sparen, was letztlich weder den Kindern noch den Eltern dient.
Wann kann auf »arm und euretwillen« ein Segen liegen, ein Zugewinn an Leben? Nur dann, wenn die Armut nicht unter Druck entstanden ist und wenn sie nicht zum Druckausüben gebraucht wird. Nur dort, wo jemand aus positivem Antrieb, aus Zuneigung, aus Freude, aus freier Solidarität heraus arm wird.

- Jesu Armut betrachten, vom Materiellen (Stallgeruch bei der Geburt) übers Soziale (Jesus als fußwaschender Sklave), Politische (Einzug auf dem Esel) bis hin zum Verlust der Freunde in Gethsemane und zum Verlust der Gottesgewißheit bei der Hinrichtung.
  Welcher Reichtum steht hinter dieser freigewählten Armut? Ein Reichtum an Vertrauen: Ich und der Vater sind eins« (Johannes 10,30). Ein Reichtum an Utopie: »Das Himmelreich ist nahe herbeigekommen« (Matthäus 3,20). Ein Reichtum an Menschenfreundlichkeit: »Kommt her zu mir, alle, die ihr mühselig und beladen seid, ich will euch erquicken« (Matthäus 11,28).
- Unser Reichtum: Teilhaben an Jesu Weg. Teilhaben an seiner Ungeborgenheit, Wehrlosigkeit, Gewaltlosigkeit, Hilflosigkeit gegenüber dem Unerklärlichen. Die Not seines »Leibes« teilen, d. h. die Not seiner Brüder und Schwestern. Sein Ausgeliefertsein teilen, seine Trauer über menschliche Blindheit für das Gute. In alledem seine Nähe erfahren, seine Begleitung, sein Auferstehen in uns. Und damit hineingezogen werden in sein Vertrauen zu Gott, seine Verbundenheit mit den Menschen, seine Geborgenheit, seine Lebendigkeit, seine Freude. Je mehr uns das erfüllt, desto leichter und natürlicher wird es, mit Besitz freizügig umzugehen, mit Geld Gutes zu bewirken, Eigentum so benützen, daß es vielen zu Gute kommt.
  An dieser Stelle ist ein Hinweis auf das ganze Kapitel 8 als Kollektenbrief möglich.

Möglicher Schluß
Gehen wir zum Schluß noch einmal von den praktischen Besitzfragen einen Schritt zurück. Gehen wir noch einmal nach innen, in uns selber hinein.
Gottes Geschenk, wie Paulus es besingt, ist zwar in mancher Hinsicht befremdlich. Es ist auf jeden Fall ein Geschenk, das den Rahmen üblicher Geschenke sprengt. Und doch geht Paulus davon aus, daß uns dieses Geschenk im Grunde nicht fremd ist, sondern vertraut. »Ihr kennt die Gnade . . .«, sagt er. Kennen ist mehr als Informiert-Sein. Kennen bedeutet: Vertraut-Sein. Ist das nicht merkwürdig: Paulus traut uns zu, daß wir schon vertraut sind mit dem Reichtum Christi, der arm wurde um unsretwillen? Er traut uns zu, daß wir schon einen Platz in uns haben für diesen span-

nungsvollen, vieles auf den Kopf stellenden Reichtum. Auch wenn wir ihn mit unserem Verstand noch nicht erfassen. Auch wenn wir uns mit unserem Herzen noch gegen ihn sträuben. Paulus traut uns zu, daß wir - und zwar so wie wir sind! - schon reif sind für Gottes Geschenk.
»Ihr *kennt* die Gnade unseres Herrn Jesus Christus ...«.
Das heißt: Ihr könnt Gottes Weihnachtsgeschenk richtig empfangen.
Mit dem Ernst, der ihm gebührt.
Mit Dank, Nachdenken und Fragen.
Vor allem: Mit tiefer, heller Freude.

Kontexte

Erscheinungsformen von Armut (nach Thomas Karsch in »Interdependente Armutsbekämpfung - Das Beispiel Brasilien« - Texte zum Kirchlichen Entwicklungsdienst 51, S. 8):
Im Entwicklungsbericht der Weltbank von 1990 wird Armut definiert als »die Unfähigkeit, einen Mindestlebensstandard zu erreichen«. Die Weltbank setzt die sogenannte »Armutslinie« bei 370 US-Dollar Einkommen jährlich an. Daran gemessen lebten 1990 über eine Milliarde Menschen in Armut. Als »extrem arm« gelten Personen, die weniger als 275 US-Dollar pro Jahr zur Verfügung haben.
»Armut zeigt sich in Hunger, in mangelhafter Bildung, unzureichender Gesundheitsfürsorge, geringer sozialer Sicherheit. Unterernährung, Gesundheitsschäden, Apathie, geistige und psychische Schäden sind mit ihr verbunden. Kinderarbeit, Prostitution, Analphabetismus, schlechte Arbeitsbedingungen, Arbeit im informellen Sektor, Kriminalität, Gewalt usw. sind weitere Erscheinungsformen der Armut: ... Kinder, die in Armut aufgewachsen (sind), (sind) in der Entfaltung ihrer Persönlichkeit behindert ... autoritätsgläubig und kaum beziehungsfähig.« (ebd. S. 10 f.)

Ein Gedicht, die »Scham« der Armen beschreibend:

Maria

Die Nacht ihrer ersten Geburt war
Kalt gewesen. In späteren Jahren aber
Vergaß sie gänzlich
Den Frost in den Kummerbalken und rauchenden Ofen
Und das Würgen der Nachgeburt gegen Morgen zu.
Aber vor allem vergaß sie die bittere Scham
Nicht allein zu sein
Die dem Armen eigen ist.
Hauptsächlich deshalb
Ward es in späteren Jahren zum Fest, bei dem
Alles dabei war.
Das rohe Geschwätz der Hirten verstummte.
Später wurden aus ihnen Könige in der Geschichte.
Der Wind, der sehr kalt war
Wurde zum Engelsgesang.

Ja, von dem Loch im Dach, das den Frost einließ, blieb nur
Der Stern, der hineinsah.
Alles dies
Kam vom Gesicht ihres Sohnes, der leicht war
Gesang liebte
Arme zu sich lud
Und die Gewohnheit hatte, unter Königen zu leben
Und einen Stern über sich zu sehen zur Nachtzeit.
(Bertold Brecht, aus: Gesammelte Werke. © Suhrkamp Verlag Frankfurt am Main 1967)

Der Mystiker Gerhard Tersteegen dichtet:
»Ich weiß, du Gotteskind, du willst im Stalle liegen,
die Hoheit muß hinaus und alles Weltvergnügen,
Ein arm', geringes Herz, das ausgeleert und klein,
Soll deine Krippe nur und ewg'e Wohnung sein.«
(aus: »Das Segel ist die Liebe – mystische Losungen für das Jahr 1994« Insel Verlag, 31. 07.)

1. Sonntag nach Weihnachten

Annäherungen an den Predigttext Jesaja 49,13–16

Hans Werner Dannowski

Gespräch zwischen Hans Werner Dannowski und Landesrabbiner Henry G. Brandt über Jesaja 49,13–16

Br.: Das sind für mich ungeheuer beeindruckende und poetische Sätze, die die Treue Gottes zu seinem Volk ausdrücken. Selbst wenn die menschlichen Verbindungen nicht mehr tragen wollen (und bei der Beziehung Mutter–Kind ist dies ja eher der unwahrscheinlichste Fall): »Auf mich ist absolut Verlaß.« Im Munde Gottes ist dies die unbedingte Verpflichtung seiner bleibenden Treue und Vergebung.

Da.: Mich beeindruckt die Menschlichkeit und Beziehungsstärke dieser Worte. Man kann über all das auch ganz rational reden. Aber dies klingt warm und direkt, von Herz zu Herz gesprochen.

Br.: Dies ist doch typisch für viele Passagen bei Jesaja. Die Stärke dieses Propheten ist die poetische Kraft seiner Worte.

Da.: Akzeptiert die jüdische Auslegung eigentlich, daß es verschiedene Jesajabücher gibt, daß wir es hier also mit einem unbekannten Propheten, den wir Deuterojesaja nennen, zu tun haben?

Br.: Natürlich gibt es Fundamentalisten, die von all dem nichts wissen wollen. Aber die meisten jüdischen Forscher folgen an diesem Punkt der christlichen Exegese. Der ganze Kontext ist ja doch ein anderer als bei dem eigentlichen Jesaja.

Da.: Der Prophet bringt die mütterliche Seite Gottes voll ins Spiel. Dabei kommen einem nahezu feministische Gedanken: Unser Gott ist eine Mutter.

Br.: Dieses Problem stellt sich dem Propheten nicht, also sollte man es auch nicht dort hineintragen. Selbstverständlich gibt es unterschiedliche Bezugswerte des Kindes. Am tragfähigsten ist meist die Beziehung des Kindes zu der Mutter. So wird primär das Kind der Mutter zugeordnet.

Im Midrasch zum Heiligkeitsgesetz wird bei der Behandlung der 10 Gebote einmal die Reihenfolge von Vater und Mutter umgekehrt: Du sollst ehrfürchten deine Mutter und deinen Vater. Auf die Frage nach dem Grund erfolgt die Antwort: Es ist immer das einzuüben, was nicht das Selbstverständliche ist. Die Ehrfurcht vor dem Vater ist in der orientalischen Familie selbstverständlich. Also ist die Ehrfurcht vor der Mutter einzuprägen. In diesem Sinne wird hier die mütterliche Seite Gottes herausgekehrt.

Da.: Im Gedächtnis hängen geblieben ist mir auch der Satz »In deine Hände habe ich dich gezeichnet«. Gibt es dafür eigentlich einen alten jüdischen Brauch?

Br.: Das ist mir im Augenblick nicht bewußt. Ich denke, das ist die bildhafte Sprache des Propheten. Was sieht man von sich selbst, wenn man sich vergewissern will? Doch nicht die Beine oder den Rücken, sondern die Hände. Nehmen Sie den plastischen Ausdruck: vor Augen halten. Vor die Augen halte ich die Hände. In Augenblicken und Zeiten der Verlassenheit ist das gesagt, und damit ist der Prophet in einer Epoche der Gottesverlassenheit absolut zeitgemäß. Halte dir vor Augen, du bist nicht verlassen. In deine Hände habe ich dich gezeichnet.

Da.: Dazu kommt die wunderbare Konkretion: »Deine Mauern sind immer vor mir«. Der Zion ist wie ein Bild, das sich nun Gott vor Augen hält. Gott gedenkt.

Br.: Die Mauern umfassen natürlich auch die Bewohner innerhalb der Mauern. Aber die Aussage geht sicherlich auf die Vision des Wiederaufbaus. Da, wo Verwüstung war, ist wieder Leben; und da, wo Zerstörung war, sind die Mauern wieder gebaut.

Da.: Man hat von Deuterojesaja ja als von dem Evangelisten unter den Propheten gesprochen. Er redet so stark von der Liebe, als habe es den Zorn Gottes nie gegeben.

Br.: Gottes Zorn währt für kurze Zeit, sein Erbarmen für immer, sagt der Psalmbeter. Ich würde eher von Erbarmen und von Trost reden als von Liebe. Die Voraussetzung ist doch die Erwählungstreue Gottes, mit der er zu seinem auserwählten Volk steht. Die Liebe kommt erst da ins Spiel, wo die Sprache bildhaft wird, wo er von der Mutter zu reden beginnt. Für einen Juden ist theologisch am eindringlichsten immer die Treue und Verläßlichkeit Gottes. Die Erwählung ist nie gekündigt.

Zum Gottesdienst

Jürgen Rogler

Exegetisch-homiletische Skizze

a) Perikopenabgrenzung
Wie so oft geht die Abgrenzung des Predigttextes der literarischen Gliederung und seiner Abschnitte entgegen. Der Predigttext beginnt mit einem selbständigen Loblied mit der Aufforderung zum Jubel durch die Schöpfung (V. 13). Dieser Vers 13

schließt die vorausgehende Einheit 49,1-12 ab. Auf die Ansage, daß die Stämme Jakobs wieder aufgerichtet werden sollen und die in Babylon Gefangenen befreit werden sollen, folgt die Aufforderung zum Jubel durch die ganze Schöpfung. Mit V. 14 beginnt eine dreigliederige neue Einheit von drei Disputationsworten (14-20; 21-23; 24-26), in denen jeweils eine Klage oder Bestreitung des Heils entkräftet wird. Durch die Perikopenabgrenzung ergibt sich, daß auf die Aufforderung zum Jubel und deren Begründung unmittelbar die Klage Zions folgt, der Herr hätte sie verlassen (V. 14). In den VV. 15-16 wird dieser Einwand durch Gottes Zusage seiner unverbrüchlichen Treue entkräftet. Die in Worte gefaßten Gefühle von Jubel und Klage folgen somit spannungsvoll unmittelbar aufeinander. Mancher Bearbeiter des Textes schlägt daher vor, V. 13 erst am Schluß der Predigt auszulegen (Voigt, S. 59). Dies würde jedoch erstens dem ganzen Duktus des Buches Deuterojesaja widersprechen, in dem die Kontrastbildung ein durchgehendes Kompositionsprinzip ist (Rendtorff, S. 206). Zweitens sollte der Kontrast zwischen den beiden Gefühlsäußerungen Jubel und Klage nicht eingeebnet werden, sondern als Thema und Gestaltungsaufgabe der Predigt aufgenommen werden.

b) Historischer Rahmen

Deuterojesaja ist der Prophet, der den nach der Zerstörung Jerusalems im Jahr 587 v. Chr. nach Babylonien Exilierten die bevorstehnde Befreiung und Rückkehr in die Heimat ansagt (40,1-11). Mit 49,14 nimmt der Prophet eine Klage oder geäußerte Angst auf, daß die Situation der Gefangenschaft nicht mehr gewendet werden würde. Kein Wunder: das Exil ging schon ins 5. Jahrzehnt, bis schließlich der Perserkönig Kyros im Jahr 539 Babylon einnahm und bald darauf den Wiederaufbau des Tempels in Jerusalem anordnete. Deuterojesajas Verkündigung fällt somit in eine Zeit, in der die Gefangenschaft schon so lange angedauert hatte, daß Zweifel an der Befreiung und Treue Gottes aufkommen konnten. Sicherlich entspricht V. 14 dem Lebensgefühl von zumindest Teilen des Volkes, die an eine bevorstehende heilvolle Wendung nicht mehr glauben konnten (vgl. Klagelieder 5,22). Was der Prophet ankündigt, ist noch Zukunftsmusik. Allerdings ist seine Sprache so eindringlich und bildhaft, daß die bevorstehende Heilwende so greifbar wird, als ob sie schon begonnen hätte. Anlaß zum vorausgehenden Jauchzen, wie in V. 13 gefordert.

c) Trösten heißt Handeln

Dem entspricht auch die Begrifflichkeit des Buches. Trösten נחם heißt bei Deuterojesaja mehr als nur das Verändern einer Gefühlslage, so wertvoll und wichtig das sein kann. Trösten im Sinn von 40,1 steht für das Eingreifen Gottes: die aktuelle Not wird gewendet und ein neues Gemeinschaftsverhältnis wird hergestellt. Dem entspricht auch, daß Gott die Angesprochenen als sein Volk und seine Elenden ansieht. Zu beachten ist hier, daß das Wort im perfektischen Sinn gebraucht wird (Westermann, ATD 19,31). Damit wird ausgedrückt: das Handeln Gottes hat schon eingesetzt und begonnen, die neue Wirklichkeit ist mit ihrer Ankündigung schon gegeben. Von daher hat die Aufforderung zum Lobpreis sachlich ihren Sinn, auch wenn sie literarisch zu der vorausgehenden Einheit gehört. Das Zukünftige wird als Gegenwart geglaubt und wirkt in die Gegenwart. Es ist die Stärke des Propheten, das noch zukünftige Geschehen so eindringlich in Worte und Sprache zu fassen, daß es bereits greifbar vor Augen steht. Seine poetische Sprache macht den Inhalt gegenwärtig und greifbar, sie fordert zum Reagieren heraus, obwohl das Angekündigte noch nicht eingetroffen ist. Die am Verzweifeln sind und ihre Hoffnung fallengelassen haben, bekommen das heilvolle Handeln Gottes vor Augen geführt und können wieder mit einer Zukunft rechnen. Sie werden im umfassenden Sinn getröstet.

Entsprechendes gilt für das Wort רחם. Gottes Erbarmen bleibt nicht bei dem Gefühl stehen, sondern wird in sein Handeln umgesetzt. »Gott hat nicht nur mütterliche Gefühle gegenüber seinem Volk, sondern er setzt es real wieder in ein Kindschaftsverhältnis ein« (Moscon, S. 272).

d) Poetische Sprache

Das ganze Buch Deuterojesaja zeichnet sich durch eine eindringliche und überzeugende Sprache aus. Immer wieder fordert Gott durch den Propheten die Angesprochenen auf, ihm zuzuhören (48,1.12.14; 49,1), aufzusehen (49,18) oder aufzuwachen (51,17; 52,1). Deuterojesaja nutzt rhetorische Fragen, um die Adressaten zur Reaktion herauszufordern (49,15; 50,1). Mit anderen Worten: mit aller Kunst der Sprache scheint Gott um sein Volk zu werben und ihm seine Treue und sein heilvolles Handeln glaubhaft machen zu wollen. Theologisch ausgedrückt heißt das: Gott geht seinem Volk so weit wie möglich entgegen, um wieder ein Vertrauensverhältnis zwischen ihm und den Menschen aufzurichten. Nach der Katastrophe der Zerstörung Jerusalems und der Gefangenschaft, die viele als Strafe Gottes und Entzweiung zwischen ihm und seinem Volk verstanden haben, will Gott die Überwindung der Katastrophe, auch der inneren Verunsicherung anbahnen. Er tut es einerseits durch sein aktives Eingreifen in die Geschichte und andererseits durch die Zusage seiner Treue und seines Heilswillens. Das Volk soll neues Zutrauen und gestärkten Glauben gewinnen. Die Umsetzung dieser Zusagen in Sprache ist ein weihnachtlicher Zug in unserem Predigttext. Durch seine Bilder und seine poetische Kraft wird Gott den Menschen menschlich gemacht, wird verglichen mit einer Mutter, die ihr Kind nie vergessen würde. Ein bemerkenswertes Bild, das auch die weibliche und mütterliche Seite Gottes zur Geltung bringt. Es lohnt sich sicher, die Bedeutung dieses Vergleiches für unser heutiges Gottesbild auszuforschen und zur Geltung zu bringen (vgl. Trible, in: Frauenbefreiung, S. 97; Rupprecht, in: Feministisch gelesen, S. 127–136). Dennoch empfehle ich nicht, dieses Bild zum Hauptthema der Predigt zu machen. Absicht des Textes ist es nicht, Gotteslehre zu betreiben, sondern Gottes Treue und Verläßlichkeit in einer Krisenzeit zu veranschaulichen und zuzusprechen. Deshalb wird das Bild auch nicht vertieft, sondern durch ein anderes, eher männliches Bild ergänzt: Gott hat sich die »neu zu erbauenden Mauern, gewissermaßen den Bauplan, in seine Hände eingezeichnet, so daß er sie als Erinnerungszeichen ständig vor Augen hat ... und immer wieder daran erinnert wird, seine Absicht des Wiederaufbaus auszuführen (Fohrer, S. 129).« Westermann übersetzt חקק sogar mit »eingraben« (»in meine Hände habe ich dich eingegraben«), um zu zeigen, wie unauslöschlich dieses Merkzeichen vor Gottes Augen anzusehen ist (Westermann ATD 19, 176).

e) Homiletische Situation

Der im Predigttext angelegte Wechsel zwischen Jubel und Klage findet am 1. Sonntag nach Weihnachten sicher einige Entsprechungen in der Realität. »Weihnachten – und was dann«, so lautete einmal der Titel eines Jugendgottesdienstes, der die Zeit und die Gefühle nach dem Fest thematisierte. Was ist, wenn all die Höhepunkte an Vorfreude, Feierlichkeit, Freude und Jubel überschritten sind? Hat das Fest dann tatsächlich einen Fortschritt an Ermutigung, Trost oder Glaubensvertiefung gebracht? Oder folgt auf die angewachsenen Erwartungen doch eher ein Gefühl der Leere und die Frage: »Soll das nun schon alles gewesen sein, auf das wir uns so lange vorbereitet haben?«

Eine andere Beobachtung: In früheren Zeiten hatte das Weihnachtsfest noch eine so anerkannte Bedeutung, daß in Kriegszeiten am Heiligen Abend vielfach Waffenruhe herrschte. An den Weihnachtsfesten der vergangenen Jahre konnte man allerdings feststellen, daß an den Feiertagen ein unvermindertes Maß an Nachrichten über Kriegshandlungen oder Unglücken zu vermelden waren. Spätestens am Altjahrsabend werden im Fernsehen Zusammenfassungen der spektakulären Ereignisse des Jahres zu sehen sein, eine Flut von erschütternden Szenen. Die Freude über Weihnachten und die Betroffenheit über die harten Realitäten der Welt stoßen aufeinander. Wie ist es vom Glauben her zu bewältigen, daß die Botschaft der Engel vom Frieden auf Erden so wenig sichtbare Umsetzung findet? Deuterojesajas Worte von Gott, der sein Volk nicht vergißt und tröstet, wären auf diesem Hintergrund in die Gegenwart hinein zu übertragen. Das Doppelbild von der Mutter, die ihr Kind nicht vergißt und den Händen Gottes, in die die Menschen eingezeichnet sind, ist ein guter Ausgangspunkt für das Aufsuchen konkreter Zeichen von Gottes Treue in der heutigen Zeit. Anders als Deuterojesaja können wir heute nicht mit einer baldigen geschichtlichen Wende rechnen. Doch Ziel des Gottesdienstes kann werden, zu einem gegenseitigen Vor-Augen-Haben zu ermutigen: Gott hält sich uns vor Augen und umgekehrt wir ihn. Von daher können wir trotz aller harten Realitäten jubeln und auch handeln.

Vorschläge zur Liturgie

Durch die Liturgie des Gottesdienstes kann die Gemeinde die Bewegung vom Lob zur Klage und von der Klage zum Lob mitvollziehen.

Lieder
Zum Eingang:
Evang. Gesangbuch 34: »Freuet euch, ihr Christen alle«
Evang. Gesangbuch 41: »Jauchzet, ihr Himmel ...« (vgl. Jes 49,13)

Eingangspsalm
Ps. 98, gesprochen im Wechsel mit der Gemeinde
Nach der Predigt:
Evang. Gesangbuch 243: »Lob Gott getrost mit Singen ...« (3. Strophe vgl. mit Jes 49,15).
Evang. Gesangbuch 615: »Ich lobe meinen Gott, der aus der Tiefe mich holt ...«

Kyrie
Gnädiger Gott,
wie schwer fällt es uns, beständig auf dich zu vertrauen. Mal sind wir voller Freude über deine Werke, bald darauf aber vergessen wir deinen guten Willen. Wir reden, denken und tun, als ob es dich nicht gäbe. So suchen wir Zuflucht bei deiner beständigen Treue, damit du uns vergibst und ermutigst. Wir rufen zu dir: Herr, erbarme dich.

Gnadenzusage
»Barmherzig und gnädig ist der Herr, geduldig und von großer Güte.

Wie sich ein Vater über seine Kinder erbarmt, so erbarmt sich der Herr über die, die ihn fürchten.« Das verleihe Gott uns allen. Amen.

Kollektengebet
Treuer Gott, manchmal kommt es uns so vor, als hättest du uns vergessen. Dann werden wir ungeduldig oder zweifeln an dir. Wir bitten dich in diesen Tagen: Umfange uns mit deiner Nähe, denn wie eine Mutter bist du für uns, die ihr Kind niemals vergessen kann. Darauf wollen wir uns gerne verlassen. Amen.

Fürbittengebet
Du willst uns trösten, wie einen seine Mutter tröstet, Gott, das hast du uns versprochen. Wenn nun der Lärm der Welt uns einholt und Angst macht, wenn uns die Nachrichten aufs Gemüt fallen, tagaus – tagein. Wenn wir nicht mehr sehen, wie es weitergehen kann, wenn wir anfangen zu schwanken, dann komm als ruhige Mutter oder als ein gelassener Vater, als ein hoffnungsstarkes Kind oder als ein behutsamer Freund. Breite deinen Frieden bei uns aus wie einen überströmenden Bach ins trostlose Feld.
Von ganzem Herzen denken wir jetzt an …
Du kannst sie segnen und behüten, so tu es auch. Amen.
(nach: Liturgieentwürfe für das Kirchenjahr, Hrsg: Beratungsstelle für Gestaltung von Gottesdiensten, Frankfurt 1985, S. 353).

Alternativvorschlag Fürbittengebet
Lieber Jesus,
du bist uns Menschen ganz nah gekommen, als Kind in einer harten Welt.
Dafür danken wir dir.
Wir dürfen glauben, daß du nicht nur aus der Ferne auf uns herabblickst,
sondern daß du teilnimmst:
an unserer Freude und unserem Lachen,
aber auch an unseren Leiden und unserem Weinen.
Du kennst das Leben und kannst uns zur Seite stehen wie ein Freund, dem wir erzählen können, was uns bewegt.
So bitten wir dich auf unserem Weg zurück in den Alltag:
Laß uns gestärkt und ermutigt sein durch das Schöne, das wir erleben konnten.
Laß uns davon weitererzählen denen, die in Traurigkeit sind.
Sei nahe allen, die an den Härten des Lebens zu zerbrechen drohen … (Beispiele).
Schenke eine gute Zukunft denen, die wie du damals auf der Flucht sind.
Denen, die sich von Gott und Menschen verlassen fühlen, gib Zeichen deiner fürsorglichen Treue.
So beten wir gemeinsam: Vater unser …

Vorschlag zur Predigt

Predigtanfang

a) Liebe Gemeinde,

Das Fest ist vorüber. Sechs Wochen oder mehr haben wir uns darauf vorbereitet, haben gebastelt, eingekauft, haben uns Gedanken gemacht, was wir schenken, wie wir feiern und wie alles werden soll. Dann kam das Fest selber: Wir haben Gottesdienste gefeiert, haben Weihnachtslieder gesungen, gegessen und getrunken, haben Geschenke ausgepackt und uns darüber gefreut. Nun ist alles vorüber, vielleicht viel zu schnell. Und möglicherweise stellte sich nach all der Vorfreude und Vorbereitung bald ein Gefühl der Leere ein. Und die Frage schleicht in uns hoch: »War das nun alles?«
Die Weihnachtsgeschichte spricht uns zu, daß Gott in die Welt hineinkommt. Und der Engel verkündigt den Hirten: »Friede auf Erden und den Menschen ein Wohlgefallen.« Wenn ich an die Nachrichten dieser Festtage denke, an ... (Beispiele), dann frage ich mich, hat sich die Welt denn seitdem überhaupt verändert? Der Friede, von dem der Engel sprach, ist noch nicht greifbar und spürbar geworden. Wie schnell kann da unsere Weihnachtsfreude in Katerstimmung umschlagen. Und durch die Ernüchterung hindurch bildet sich eine Frage, die wir nach all der Freude, die wir erlebt oder erwartet haben, noch nicht so recht zu stellen wagen: Hat Gott die Welt mit ihren Menschen und deren Nöten etwa doch vergessen?
Dieselbe Frage bewegte auch die Menschen, von denen wir in unserem heutigen Abschnitt aus dem Jesajabuch hören. Die Israeliten hatten eine große schmerzhafte Niederlage erlitten. Im Jahr 587 vor Christus war die Stadt Jeruselem eingenommen und der Tempel zerstört worden. Die entscheidenden Leute aus dem Volk waren von den siegreichen Babyloniern mitgenommen worden, weit weg in deren Land. Doch die Verbannten hielten eine große Sehnsucht und Hoffnung wach: bald wieder zurückkehren zu können in ihre Heimat, in der auch ihr Tempel gewesen war, sichtbares Zeichen der Nähe Gottes.
Eines Tages bekamen ihre Hoffnungen und Sehnsüchte plötzlich neue Nahrung. Ein Prophet verkündigte im Namen Gottes, daß das Warten bald zu Ende sein sollte. Bald sollte sich erfüllen, was das Volk schon lange ersehnt hatte: die Gefangenen sollten zurückkehren und Jerusalem, die schöne Stadt, wiederaufgebaut werden. Und so lautete der Anfang der Botschaft des Propheten: »Tröstet, tröstet mein Volk, spricht euer Gott. Redet freundlich mit Jerusalem und predigt, daß ihre Knechtschaft ein Ende hat und ihre Schuld vergeben ist.« Und dann malt der Prophet aus, wie wunderbar diese Befreiung und Rückkehr sein wird. Alle Hindernisse werden beseitigt sein und Gott selbst wird die Rückkehrenden durch die Wüste führen. Einen ebenen Weg wird es geben und Wasser mitten in der Wüste. Man könnte die Augen schließen und sich vorstellen, wie das alles sein würde. Die Leute sollten sich jetzt schon freuen und darüber jubeln. Nicht nur die

Menschen, sondern die ganze Schöpfung sollten einstimmen in diese Freude und diesen Jubel. Genau so fängt unser heutiger Abschnitt aus dem Jesajabuch an, mit dieser Ermunterung zum Jubel.

Lesung des Predigttextes, Teil 1: Jesaja 49,13.

Gedankenskizze zum weiteren Verlauf
b) Vielleicht haben sich viele von diesen Worten anstecken lassen und in den Jubel miteingestimmt. Man kann sich vorstellen, wie das gewesen sein muß. Möglicherweise ähnlich unserer Feststimmung an Weihnachten. Doch dann ist die erste Begeisterung wieder verflogen. Verständlich: die Verbannung dauerte nun schon fast fünfzig Jahre. Manche, die den Anfang erlebt haben, waren nun schon alt, andere inzwischen gestorben.

Lesung der Fortsetzung des Predigttextes Jesaja 49,14–17

c) Wir beobachten, wie unmittelbar auf den Jubel die Klage zu vernehmen ist. Ähnlich epfinden wir in diesen Tagen. Wir haben freudige Weihnachtslieder gesungen. Aufnehmen der Liedtexte, z.B. »Jauchzet, ihr Himmel, frohlocket, ihr Engel, in Chören, singet dem Herren, dem Heiland der Menschen zu ehren! Sehet doch da: Gott will so freundlich und nah zu den Verlornen sich kehren.« (Evang. Gesangbuch 41). Oder: »Freuet euch, ihr Christen alle.« (Evang. Gesangbuch 34). Formulieren der Klagen, wie sie nach diesem Weihnachtsfest lauten könnten. Dabei kann man Ereignisse aus der Weltpolitik oder Einzelschicksale aufnehmen.
Jesaja kehrt solche Klagen nicht unter den Tisch, als ob man an Festtagen nicht an die Schattenseiten der Welt denken dürfte. Oder gar, als ob man die Freude zu Gottes Ehren nicht trüben dürfte. Beachtlich, daß Jesaja den Widerspruch zuläßt und ihm Stimme verleiht.
d) Die Antwort Gottes. Hier kann man die beiden Bilder noch einmal sprechen lassen. Wie unmöglich es ist, daß eine Mutter ihren Säugling vergißt. Und selbst wenn es möglich wäre – es gibt solche Fälle – Gott sagt den Menschen zu: ich will euch nicht vergessen.
Was tut man alles, um sich Erinnerungszeichen zu schaffen? Beispiele. Gottes Erinnerungszeichen hat er sich in die Hände gezeichnet. Wir sind in seine Hände gezeichnet. Er wird sich dieses Zeichen immer vor Augen halten.
Deutung: Gott gibt eine doppelte Bestätigung und Garantie, daß er die Klagenden nicht vergessen wird. In solch menschlichen Bildern dürfen wir uns Gott vorstellen und vor Augen halten.

Predigtschluß
e) Liebe Gemeinde, »Lob Gott getrost mit Singen«, heißt es in dem Lied, das wir dann zusammen singen werden (Evang. Gesangbuch 243). Ob wir

doch nun Anlaß zum Jubeln haben? Trotz der schlimmen Ereignisse, die uns betroffen machen? Was kann uns dazu helfen?
Ich meine, daß auch wir unsere Erinnerungszeichen brauchen. Die Bilder, die Gott uns von sich gegeben hat, die dürfen wir uns vor Augen halten. Ich kann sie mir gut vorstellen, jene Mutter. Sie hat natürlich nicht nur dieses eine Kind, sondern viele. Viele Menschenkinder. Die anderen sind schon größer. Manchmal spielen sie Streiche, manchmal bringen sie sich in Gefahr, oft streiten sie sich, manchmal läuft eines weg und muß gesucht werden. Kurz: jene Mutter hat alle Hände voll zu tun. Und wenn das Kleinste schreit, dann kann sie nicht immer sofort kommen. Doch sie hört es und ihre Unruhe wird immer größer. Schließlich läuft sie schnell hin, um es in die Arme zu nehmen, um ihm gut zuzureden, es zu trösten und zu versorgen.
Halten wir uns Gott vor Augen, können wir uns tatsächlich freuen und jubilieren. Nicht teilnahmslos, am Elend der Welt vorbei. Gott vergißt die Menschen im Elend nicht, und wir können dementsprechend handeln. Wir können dann auch trösten, zuhören, können für die etwas tun, die uns brauchen. Dazu helfe uns Gott. Amen.

Kontexte

Nürnberger Nachrichten, 07. 10. 1994: »Eltern ließen Säugling frieren.
Köln – Ein Elternpaar hat ihren vier Monate alten Säugling bei Temperaturen von nur rund fünf Grad Celsius im Kinderwagen an eine Straßenlaterne angekettet und ging in einem Kölner Lokal essen. Alarmierte Polizeibeamte mußten die Eltern energisch auffordern, das Baby zu sich zu nehmen.«

»Es gibt eine französische Terroristengruppe, die einen sehr interessanten Namen hat: ‚Action directe' – direkte Aktion, ohne Umwege wird alles direkt erreicht. Was für eine paradiesische Verheißung! Und doch kommen nur Blut und Tränen dabei heraus. ‚Action directe' – der Name steht für alles, was wir als Christen nicht wollen können. Für uns gibt es fast immer nur die ‚action indirecte'. Denn ‚action directe' bedeutet: keine Geduld, kein langer Marsch, alles auf einmal und mit Gewalt, total und terroristisch.
Was aber ist ‚action indirecte'? Es sich leisten können zu vergessen, weil der uns nicht vergißt, der uns in die Hände geschrieben hat. Alle Sorgen auf den Herrn werfen. Aber das auch wirklich tun. Das mag uns irgendwie merkwürdig fromm vorkommen.
Ist das nicht geradezu gotteslästerlich, auf das Elend in der Welt zu reagieren, indem man alle Sorgen auf den Herrn wirft? Ja, ich meine das ganz ernst: Veränderung in der Welt und Freiheit gibt es aus meiner Sicht nur über diesen frommen Umweg, und weil es sich um einen Umweg handelt, deshalb nenne ich das ‚action indirecte'«. (Berger, S. 75, s. u.)

»In einem Krankenhaus lag ein Kind, das operiert werden sollte. Der Vater hatte es ins Krankenhaus gebracht und versuchte, dem Kind Mut zu machen.

‚Vater', sagte das Kind, ‚ich habe gar keine Angst, wenn du bei mir bleibst.' Da sagte der Vater: ‚Gut, ich bleibe bei dir.' Der Arzt erlaubte es, und so setzte sich der Vater neben das Kind. Als das Kind die Narkose bekommen sollte, sah es nochmals den Vater an und fragte: ‚Vater, bist du da?' Dann begann die Narkose zu wirken. ‚Nun können Sie gehen', meinte der Arzt, als das Kind eingeschlummert war und die Operation beginnen sollte. ‚Nein', antwortete der Vater, ‚ich habe meinem Kind versprochen, bei ihm zu bleiben, und so möchte ich auch bleiben.'
Die Operation gelang. Als das Kind aus der Narkose erwachte, hielt der Vater noch immer seine Hand. ‚Vater, du bist da', sagte das Kind ganz leise und lächelte.« (aus: Gute Besserung, Folge 30, Edition Sonnenweg/Aussaat Verlag, Neukirchen-Vluyn)

Literatur: (Hrsg:) Beratungsstelle für Gestaltung von Gottesdiensten: Liturgieentwürfe für das Kirchenjahr, Frankfurt 1985; Berger, Klaus: Wie ein Vogel ist das Wort, Stuttgart 1987; Fohrer, Georg: Jesaja 40–66, Züricher Bibelkommentare, 2. Aufl. Zürich 1986; Moscon, Karin: 1. Sonntag nach Weihnachten, in: Hören und Fragen, Neukirchen-Vluyn 1983; Rendtorff, Rolf: Das Alte Testament. Eine Einführung, Neukirchen-Vluyn 1983; Rupprecht, Frederike: Feministisch gelesen, Kreuz Verlag Stuttgart; Trible, Phyllis: Gegen das Patriarchalische Prinzip in Bibelinterpretationen, in: Moltmann-Wendel (hrsg): Frauenbefreiung, 2. Aufl., München 1972; Voigt, Gottfried: Die lebendigen Steine, Göttingen 1983; Westermann, Claus: Das Buch Jesaja, Kapitel 40–66, ATD 19, Göttingen 1966.

Altjahrsabend

Annäherungen an den Predigttext Hebräer 13,8–9b

Klaus Dirschauer

Hauskreis, der sich monatlich trifft. Vier Ehepaare, Mitte 50 und alle berufstätig.

Vorgabe des Pastors: ›Wir nehmen uns eine Stunde Zeit. Schlagen Sie die Bibel auf. Am Ende des Buches im Neuen Testament suchen Sie den Hebräerbrief, das Kapitel 13, die Verse 8 bis 9 zur Hälfte.

Ich moderiere das Gespräch, ordne die Beiträge und protokolliere, was Ihnen einfällt.

Soviel zur Kenntnis des Hebräerbriefes: Literarisch ist diese Schrift aus dem letzten Drittel des ersten Jahrhunderts nach Christi Geburt als Brief ausgewiesen. Nicht zustellbar für die Post der Antike, ohne Anschrift und Absender. Jedoch wiederum so wichtig, in den Kanon des Neuen Testamentes aufgenommen zu werden. Wer liest uns die Briefstelle vor?

Einfälle der Teilnehmer: Kommt mir vor wie Gebote. Was ist mit den fremdartigen Lehren gemeint? Ich empfinde das wie ein Dogma: nehmt das an und werdet nicht wankelmütg. Ist es ein Brief an die Juden? Sie haben doch den gleichen Gott. Welch ein Ausschließlichkeitsanspruch! Für die Juden muß es sehr schwer gewesen sein, an einen Menschensohn, ein gezeugtes Kind, glauben zu sollen. Für sie kam nur der eine Gott in Frage.

Doch sie warten auf den Erlöser. Konnten sie Gottes Sohn als Messias erkennen, wohl als Propheten?! Die Juden und Christen glauben an Gott, doch der Glaube trennt sie im Messias. Die Juden tun sich schwer. Beide haben dieselbe Lehre. Christus stellt die Gnade in den Vordergrund der Lehre.

Ist der Brief an die Christen, die Juden waren oder sind, gerichtet? Ist das Christentum die fremde Lehre der Juden? Was macht die Unsicherheit aus? Der Brief ist an Glaubensgenossen gerichtet. Die Juden sind gottgläubig. Welche neue Lehre ist gemeint? Es gibt keine neue Lehre zwischen Juden und Judenchristen. Sie haben eine gemeinsame Grundlage. Beim Messias scheiden sich die Geister. Und er geht konsequent den alten Weg der Lehre weiter und sagt: Kommt wieder zurück zu dem einen Gott.

Vielleicht ist der Brief an den Klerus seiner Zeit gerichtet, an die Priesterkaste.

Ich sehe das ganz anders, nicht so kompliziert. Jesus ist sehr konservativ, weist darauf hin, sich auf das Alte zu besinnen. Nicht wie heute, da die Kirche den Modetrends nachläuft, ein attraktives Bild von sich in der Werbung zeigen will, sich interessant machen möchte. Für mich heißt das: Besinnt Euch auf das Eigentliche, Wesentliche. Das war gegen den Pomp im Tempel gerichtet.
Ist das Fremde das Neue? Oder das Verfremdete? Oder wird die Heilige Schrift neu ausgelegt - die Kirche auf der Siegerseite - römisch, auf bestimmte Kulte hin der Herrschenden?
Jesus Christus heute, gestern ... das verstehe ich so: Jesus ist ein Mensch wie ich und Du. Das ist immer wieder das Neue.
Wir müssen über den Rand der Schriftstelle sehen, da ist von den 10 Geboten die Rede. Was ist da eine neue Lehre?
Der Junge war ein Jude. Bei Gott, und wie gehts jetzt weiter? Die Warnung vor der fremden Lehre ist eine Mahnung, daß sich der Mensch gebliebene Gott nicht überhöhen läßt. Gottes menschliche Züge wollen hervortreten. Das sind sehr eindringliche Worte, auf der Erde zu bleiben. Auch heute dienen sich der Lehre Jesu vielartige Vorstellungsräume an. Die Kirche ist nicht davon frei, gewollt oder nicht gewollt Maklerdienste auszuüben. Sie ist nicht so entschieden wie der Hebräerbrief.
Gerade der Vers 9b ist sehr tröstlich. Die Rede vom Herzen des Menschen.
Nachtrag des Pastors: Da die Frage nach der fremden Lehre so großen Raum eingenommen hatte, auch nach dem griechischen Wort (xenos) nachgefragt worden war, wurde ich um eine Klärung gebeten. Ich zitierte aus Otto Michels Hebräerkommentar (Göttingen [12]1966, 493): »... Geistesströmungen, die fortreißen ...«. Reaktion: Gelächter.

Zum Gottesdienst

Jobst von Stuckrad-Barre

Theologisch-homiletische Skizze

1938 hat der Maler Max Beckmann in einer berühmt gewordenen Rede in London »Über meine Malerei« (hier zit. nach M.B., Meisterwerke aus St. Louis. Ausstellungskatalog Staatsgalerie Stuttgart 1994, 138) für sich festgestellt: »ich suche aus der gegebenen Gegenwart die Brücke zum Unsichtbaren - ähnlich wie ein berühmter Kabbalist es einmal gesagt hast: ‚Willst Du das Unsichtbare erfassen, - dringe so tief du kannst ein - in das Sichtbare!‘« Von daher möchte ich die Predigt ansetzen, um tatsächlich von der Realität der Hörer/innen und des Christus auszugehen; es sind also nicht zwei verschiedene Bewegungen, sondern von solchem Ausgangspunkt her ist das Ziel von Anfang in den Blick zu nehmen.

1. Jesus Christus - Eigenname oder Bekenntnis des Messias: Aus dem Miß- und Unverständnis wird die Tendenz zur Einpassung, ja Vereinnahmung Christi ablesbar. Das kann für die völlig Unvertrauten, die Distanzierten gelten wie für die gänzlich Distanzlosen, die Herzensfrömmigkeit mit Inbesitznahme verwechseln. Wenn die ursprüngliche Kurzfassung des Bekenntnisses wahrgenommen ist, tritt sofort der Gedanke der Unwandelbarkeit in eine Relation, die Verbindung und Unterscheidung zum Alten Testament. Hier wird die Neue Welt eröffnet, die qualitative Andersartigkeit der Perspektive bis in die Ewigkeit. Eine Reduzierung Jesu auf einen Begriff oder Titel schließt dieser Bezug auf die Person, auf ihre ständig neue Lebendigkeit aus.
   Sich auf Jesus Christus zu berufen ist daher kein bloßes ‚Zurück zum Ursprung', sondern Einlassen auf seine Gegenwärtigkeit, die Vergangenheit und Zukunft in ihrer ‚Ewigkeit' umschließt, besser: aufschließt. So gibt der Bezug auf den Namen Eigenheit und Erzählbarkeit, Unverwechselbarkeit und Unabschließbarkeit zu erkennen.
2. Von dieser Perspektive her ergibt sich eine eigentümliche Festigkeit, eigentümlich, weil gepaart mit Offenheit gegenüber fremden, andersartigen Lehren; sie interessieren nicht für sich, sind sogar sekundär, haben Gewicht nur als Lebensäußerung anderer Menschen. Andererseits kann Christentum offensichtlich nicht anders sein, als daß es Kind seiner Zeit ist, von seinem Anfang an, ist dies aber oft allzu sehr. Die Übergänge zeigen das am deutlichsten - Missionsbewegung und gewaltsame Christianisierung, der Wandel von der ‚armen' Kirche zur Reichskirche; heute der von der Volkskirche zur Gemeindekirche, von der Mehrheits- zur Minderheitssituation, von einer Theologie der Besitzstandswahrung zu einer Theologie der Befreiung. Um diese großzügigen Einteilungen nicht mit geschichtlichen Periodisierungen zu verwechseln, wird es gut sein, eben immer wieder auf Jesus Christus hin zu entwerfen, was zu sagen und was zu tun ist.
   Hier kann der Text für Prediger und Hörer schlagartig die ganze Herkunft und Praxis des Evangeliums erhellen, zugleich die immer neu bestärkte Hoffnung und Vergewisserung (Vergleiche das πολίτευμα des Paulus in Philipper 3,20 und die zukünftige Stadt in Hebräer 13,14).
3. Die individualistisch klingende Wendung vom Herzen, das fest werden möge, ist in Wahrheit darauf aus, all die Glaubenden zusammenzuschließen. Durch die Gnade werden sie gewiß gemacht. Persönlich ist die Wirkung der Gnade. Sie läßt die Sicherheit und Offenheit der Christen begründet sein im Christus, in dem, der Zeiten und Welten, Menschen und Gott vermittelt und so ermöglicht, zwischen Wesentlichem und Unwesentlichem, Ende der Zeit und Ende eines Jahres, zwischen Ende des Todes und Beginn des Lebens zu unterscheiden. Und: Nur das bewegte, das Herz, dem sich Entfernung und Annäherung, Kraftlosigkeit und Kraft, Gestaltlosigkeit und Gestalt erschlossen haben, kann ahnen, erleben und ins Bewußtsein heben, was diese Möglichkeit des Lebens bewirkt - nicht betonhart Bild und Realität aufeinanderprallen zu lassen (wobei sich beide als irreal erweisen), sondern in den verschiedenen Erfahrungen gottesgewiß zu werden.
4. Wie sehr diese Unterscheidungen damals wie heute nötig sind, können die neuen religiösen Bewegungen, die ja nicht notwendig dem Christentum in die Hände arbeiten, aber auch die quasireligiösen Ansprüche von Medien, Verbänden und Wirtschaftsgiganten deutlich machen. Per Dauerberieselung, 'Öffentlichkeitsarbeit' und Werbung wird den Zeitgenossen das Gefühl vermittelt, zur jeweiligen Familie zu gehören; Game- und Talkshows jeden Tag, bunte

Bilder und sanfte Töne, Symbole und Signale setzen nicht gleich Kaufwünsche, sondern raffinierter das Bewußtsein, die Zugehörigkeit einer corporate identity mit vielen anderen zu teilen, die sich dann im 'Kaufzwang' förmlich bestätigt.
Der Gottesdienst am Altjahresabend wird diese Veränderung der 'Landschaft' im Auge behalten und weder für die Verstärkung der Tendenz zur Nischenexistenz unter Kirchenchristen noch für eine simple Oppositionsstrategie plädieren. Dazwischen liegt der Weg Jesu, anzunehmen und Umkehrbereitschaft zu wekken. Nicht eine kirchliche Sonderwelt, sondern Gottes Welt ist das Ziel. Unter den Teilnehmern vermute ich viele Menschen, die die Stille und Ruhe »zwischen den Jahren« zur Bilanz und Befestigung ihrer Hoffnung brauchen. Gemeinsam das Abendmahl zu feiern, Verfehlung und Verunsicherung zu bekennen, Freude und Lust am Leben vor Gott stark zu machen, dazu gibt dieser Gottesdienst Möglichkeit. Hebräer ist da Hilfe und Ausgangspunkt, gerade wenn seine Herkunft aus einer ganz anderen Zeit nicht überspielt wird.
Welche riesenhaften »interkulturellen« Probleme der Verfasser und seine Gemeinde zu ‚bewältigen' hatten, zeigen die Überlegungen, ob dieses Bekenntnis zur Selbigkeit Jesu Christi mehr auf alttestamentlich-rabbinischen (vgl. die Linie zu Jesaja 41,4) oder gar Exodus 3,14) oder mehr auf hellenistischen Hintergrund zurückgeht, siehe dazu das Material bei O. Michel, Komm. z. St. – Auseinandersetzungen, die hier in eine Synthese eingebracht werden, der alle Achtung zu zollen ist. Darum läßt sich auch für die Gegenwart sagen: Unsere ungelösten Konflikte müssen nicht verdrängt, sondern ins Licht gehoben werden. Behutsam ist das Vergehen liebgewordener Lösungen anzusprechen, die Unbeständigkeit meiner, unserer Versuche, Gott treu zu bleiben; umgekehrt herauszuarbeiten, wie Gott in all unserm Tun sich und uns zugewandt bleibt und so seine 'Selbigkeit' wahrt.

Zur Liturgie

Kollektengebet

Daß wir Dich anreden können, auch wenn die Worte fehlen. Daß Du Dich zeigst, wo wir noch nicht sehen können. Daß Du unter uns bist auch dann, wenn uns die Zeit fehlt – Gott, dafür möchte ich Dir danken. In Jesus Christus gibst Du Dich der Welt erneut zu erkennen, am Ende der alten und am Beginn der neuen Zeit.

Lieder

Neben den vertrauten Liedern zum Jahreswechsel bietet das neue Evangelische Gesangbuch auch Taizé-Lieder und liturgische Melodien, z. B.:
EG 56, 1–6 Das alte Jahr vergangen ist
EG 157 Laß mich dein sein bleiben
EG 63,1–3+6 Das Jahr geht still zu Ende
EG 64,1–6 Der du die Zeit in Händen hast
EG 648 Christus voll Güte und Liebe
EG 178.12 Kyrie

Vorschläge zur Predigt

Zum Anfang
Die Dinge beim Namen zu nennen, tut gut. Es befreit, gibt Raum zu neuem Handeln und Nachdenken, zeigt die Beziehung an, in der ich stehe mit andern, die ähnlich denken und leben, selbst wenn es wehtut. Heute am Jahresende steht vor jedem, was dieses vergangene Jahr mit sich gebracht hat und was es nahm. Da genau zu sein, nicht resigniert zu reagieren oder blind über Beschädigungen hinwegzugehen, dazu kann diese Stunde helfen. Nicht so sehr, weil wir jetzt nur wegen des Jahreswechsels wie Kaufleute in ihrem Geschäft Bilanz ziehen könnten, sondern weil Gott uns sich in dieser Situation neu zeigt. »Laß uns auch in dem, was Du uns nimmst, erkennen, Herr, was Du uns gibst.« Diesen Satz sprechen und leben zu lernen, zu sehen, daß Gott uns nicht immer gleich nah oder fern und in dieser Unterschiedlichkeit doch umwandelbar uns zugewandt ist, dazu sind wir zusammen.
Menschen, mit denen ich in den letzten Tagen zu tun hatte und die mir dabei diese Erfahrung ‚geschenkt' haben:
- Aus der Gruppe der Distanzierten: Ich hatte die Frau vor zwei, drei Jahren schon im Krankenhaus wegen ihrer Krebserkrankung getroffen; sie war, obwohl nicht Mitglied der Kirche, als evangelische Patientin eingetragen, was ja nicht selten geschieht; aus der ersten wurde eine Reihe von Begegnungen, ein Auf und Ab der Hoffnung und Enttäuschung, aber auch gemeinsame Praxis. Nun also wieder das Krankenhaus – und nicht nur wegen eines gebrochenen Arms. Die Schwere der Erkrankung ließ gar nicht Zeit für Vorgeplänkel, die Angst sei so viel größer diesmal. Und mit einem Mal die Frage nach dem Verhältnis von desolater Gegenwart und Ewigkeit. Sie akzeptierte meinen Versuch, Ewigkeit nicht wie geläufig als Jenseits und nur in zeitlicher Erstreckung zu behaupten, sondern die Gegenwärtigkeit (Gottes) als entscheidende Verstehenshilfe zum Leben zu erkennen: Sie konnte so viel sehen und sagen, z. B. mir, dem Gesprächspartner von vielleicht 25 Minuten. Christus in diesem Gespräch: da und Zukunft schaffend, auch wenn der Name nicht fiel.
- Die Getreuesten: getragen (und manchmal auch abgekapselt) in der Gemeinschaft der, wie sie sagen würden: Bekehrten. Der, den ich einige Wochen nach dem Tod seiner Frau besuchte, hatte die Bibel aufgeschlagen und Trost in der Lektüre von Römer 8 gefunden: Nichts kann uns scheiden von der Liebe Gottes, die in Christus Jesus ist, unserm Herrn. Das schloß nicht aus, daß es noch einmal ging um den Verlust, die letzten Tage, den Abschied, um Versicherungsfragen, die harte Realität, die das Geld symbolisiert. Weder Hohes noch Tiefes, weder Gegenwärtiges noch Zukünftiges, noch irgendetwas anderes kann uns trennen von dem lebendig, gegenwärtig machenden Gott.

Das tut so gut, gerade weil es nicht abgeschlossen, vergangen, nur zu erinnern ist, sondern öffnet, erwartungsvoll und gelassen, gespannt und unaufgeregt macht.
Solche Situationen lassen Christus hervortreten und werfen ihr Licht auf andere Momente, die nicht so bewegend sein mögen, eher banal womöglich, jedenfalls ungeprägt. Was sollen wir sagen, welche Sprache finden für diese Erstreckung und für jene Spitzenmomente? Sollen wir uns auf die Gestaltung werfen, religiöse Macher werden (diakonisch ausgerichtet oder missionarisch, wie auch immer)? Was zu tun, ist zu tun. Was jeder dabei braucht, ist das Gebet, ist zumindest die Zeit der inneren Klärung: wer bin ich und was mache ich, was erhalten und was brauchen wir, warum quälen mich diese oder jene ungelösten Fragen? Jesus, der Christus, gestern und heute und derselbe auch in Ewigkeit - Beginn eines Gebets, eines Gottesdienstes damals und jetzt.

Die Distanzierten und die Getreuesten, und dazwischen die Hin- und Hergerissenen, Menschen, deren Herz oft genug nicht fest ist, begeistert von diesem, entsetzt von jenem. Ach, seufzen sie, wie bloß, fragen sie, und wissen nicht, wie's weitergehen soll. Sie? Ich, viele der Hörer/innen sicher auch. Lebendig sein, gegenwärtig, d. h. den Augenblick von Gott her und aus ihm des Lebens Zukunft erhoffen. Erst dann wird das Herz fest, sicher und zuverlässig.

Skizze zum weiteren Verlauf

Gebet und Meditation, Gespräch nach innen und außen zwischen den Jahren, zwischen den Menschen - Einverständnis, sich nicht durch fremde Lehren verführen zu lassen, wird rasch zu erzielen sein. Wirklich wird jedoch nur, was den Menschen tatsächlich bewegt. Da stehen also Anpassung und Widerstand, Eigenheit und Offenheit, Isolierung und Einbindung, stehen Lebenskonzept und Lebensrealität auf dem Spiel. Welche Chance, daß Christen sich gegenseitig aufmerksam machen, für einander beten und mit einander reden können von dem, der sich ihnen gegenwärtig macht.

Und die Angst vor dem kommenden, dem neuen Jahr, das wie das alte Schrecken und Katastrophen, Verlust und Verdrängung mit sich bringen wird? Hoffnung und Verzagtheit, Freude und Bangen liegen ineinander. Wie, wenn ich das alles nun am Anfang nicht vorwegnehmen und festlegen, in Besitz nehmen und festschreiben, vielmehr aus Gottes Hand erbitten will, weil ich darauf vertraue, daß ich selbst nicht aus dieser Hand herausfallen werde?! Und daß Kirche, diese Gemeinde, zwar Einbußen erleiden, aber nicht aus Gottes Hingabe herausfallen wird.

Es sind ja zunächst nicht die großen Weltanschauungen oder Lehren, die uns verunsichern, die mich auf Nebenwege oder in Sackgassen führen - eher ist es ihre Praxis gewordene Gestalt, die mich in ihren Bann gezogen hat; sie übt ihre (tödliche) Wirkung aus, ohne daß ich es groß merke, und

wird verstärkt durch ihre Alltäglichkeit. Wir haben uns so an die (zumal medial vermittelte) Allgegenwärtigkeit von Lebensbehinderung und -verhinderung gewöhnt, daß wir vielleicht gerade noch mit Spenden für Ruanda oder Bosnien oder Weißrußland reagieren. Doch die Macht der vermeintlichen Käuflichkeit von Welt, Sinn oder Wert des Lebens wird allmählich schier allumfassend. Darin und dagegen den Namen Jesu Christi anzurufen, läßt mich innehalten und bewußt machen, wo Leben gegen die Tödlichkeit, Lebendigwerden gegen die Aufgabe von Zukunft zu setzen sind. Das Gespräch im Krankenhaus zeigt, wie Krankheit und Tod das Leben schon vor dem Sterben nehmen wollen – hier von Gott zu reden, dem Ewigen, der Zeit und Zukunft trägt, wird die Gegenwart, die sich zu verflüchtigen drohte, zurückgeben. Nicht umsonst bist du, nicht sinnlos lebst du unter noch so bedrängten und beengten Umständen. Ebenso das Gespräch nach der ersten Zeit der Trauer. Das Herz wird fest durch die Erfahrung, daß nicht Tod, nicht Verlust noch Trauer, uns von dem nehmen kann, der ist und der da war und der da sein wird, und als solcher mit uns geht.
Vor welchen Unlösbarkeiten stehe ich jetzt, wo werden Christen, Kirche und Gemeinde, jetzt herausgefordert: durch den neuen Haß der Fremden, der Minderheiten; durch die Ferne der Menschlichkeit, die fehlende Nähe Gottes? Durch das Verlieren der Erinnerung, der profilierten Erwartung? Hier sollte ein Schwerpunkt aus den Erfahrungen Ende '95 gesetzt werden. Dann kann ein *möglicher Schluß* lauten:
Gott anzureden in Jesus Christus, ihn im Gebet, in der Aktion der Stille und in der Passion des Handelns ansprechen, das läßt uns auftauchen aus der Namenlosigkeit der Ängste und des Augenblicks. Sein Name gegen die Namenlosigkeit, das schafft Raum, schafft Zeit für das noch nicht gestaltete Zugeneigt-, Zugetansein der Menschen, die ihn brauchen. »Willst du das Unsichtbare erfassen, – dringe so tief du kannst ein – in das Sichtbare.« (Max Beckmann in Aufnahme der kabbalistischen Überlieferung, s.o. II) Nein, keine Einfach-Lösungen, keine Einfürallemal-Rezepte. Das Herz für die Erfahrung Gottes öffnen, damit es gewiß werde der Zukunft, die Gott für uns bereit hat.

Kontexte

»Gestalten der *einen* Parusie, der *einen* Gegenwart und Aktion des lebendigen Christus in seinem prophetischen Amt sind ja das »schon« und »noch« wie das »noch nicht«, sind also das Anheben, der Fortgang und die Vollendung seines prophetischen Handelns in gleicher Weise. Anders, aber kein anderer *war* er gestern – anders, aber wieder kein anderer *ist* er heute – und nochmals anders, aber wieder kein anderer *kommt* er morgen und für alle Zeit: εἰς τούς αἰῶνας.« (Nicht nur der Stil, auch die Sperrungen zeigen den Autor: K. Barth, Die kirchliche Dogmatik IV/3. Studienausgabe 29. 1989. © Theologischer Verlag Zürich)

Wer die Fragen in der Mitte der Predigt, was jetzt sei und getan werden müsse, stärker machen möchte, sei zur Zusammenfassung und folgenden Auflösung in überschaubare Schritte auf J. Moltmann, Zeit der Hoffnung – das Exil in christlicher und jüdischer Sicht. Ev. Komm. 27, 1994, 688–690 hingewiesen; er schreibt S. 690: »Was ist jetzt 'dran'? Für die Christen ist die Zeit der Geschichte die Zeit der Aussaat, nicht der Ernte; des Ausgangs nicht der Heimkehr; der Liebe, nicht der Herrlichkeit; die Zeit des Evangeliums, nicht der Parusie Christi; also die Zeit der Hoffnung, noch nicht der Erfüllung. Christentum ist seinem Wesen nach Evangelisation der Völker, wie Paulus sagte, und 'praeparatio messianica' der Völker, wie Maimonides erklärte. Zum Universalismus des Evangeliums gehören nach meinem Verständnis auch der Universalismus der Menschenrechte und der Universalismus des Friedens und des Segens der Erde. Die 'Rückkehr zu Israel' (H.-J. Kraus) ist theologisch angezeigt, um den Ausgang der Kirche zu den Völkern und die Teilnahme der Christen an den Problemen dieser sich selbst zerstörenden Menschheit und ihren Lösungen zu befördern. (...)

- Die Friedensarbeit: Sollte es zu einem Weltkrieg mit ABC-Waffen kommen und die nukleare Katastrophe militärisch eintreten, dann wird es auch keinen Staat Israel mehr geben, und die Ruinen von Jerusalem werden so unbewohnbar sein wie die Ruinen von Tübingen oder von Erfurt. Jedes Einzelschicksal hängt heute am Schicksal der Menschheit. Darum haben die universalen Aufgaben Vorrang vor den partikularen Interessen.
- Die Rettung der Erde: Die ökologischen Katastrophen führen zu sozialen und politischen Krisen. Ohne eine gemeinsame 'Erdpolitik' (E. U. v. Weizsäcker) wird die Menschheit nicht überleben. Diese eine, begrenzte Erde kann eine gespaltene und verelendete Menschheit nicht lange ertragen. Ohne Rettung des Erdorganismus gibt es auch kein 'verheißenes Land' und auch keine christlichen Kirchen mehr.
- Die Befreiung der Menschen: ‚Alle Menschen sind frei und gleich geschaffen.' Mit Recht wurde Israels Symbol des Exodus zum Symbol der Befreiung unterdrückter und erniedrigter Menschen: Befreiung vom Sexismus, vom Klassismus (!) und vom Nationalismus. Ohne die Erlösung der Menschheit von diesen Übeln und Dämonen werden auch Juden und Christen nicht erlöst werden.«

Abgründig wird es in der folgenden Parabel von Eli Wiesel (Die Stadt hinter den Mauern, hier zitiert nach H. Jochum, Gottesglaube nach Auschwitz. In: K. Hilpert und K.-H. Ohlig (Hg.), Der *eine* Gott in vielen Kulturen – Inkulturation und christliche Gottesvorstellung. Zürich 1993, (353–365) 364 f.): »Die Legende erzählt, daß der Mensch eines Tages zu Gott sprach: ‚Laßt uns tauschen. Du wirst Mensch und ich werde Gott sein. Nur für eine Sekunde.' Gott lächelte und fragt: ‚Fürchtest du dich nicht?' ‚Nein. Du?' ‚Ja, ich fürchte mich', sagt Gott. Nichtsdestoweniger erfüllt er dem Menschen seinen Wunsch. Er wird Mensch, und der Mensch wird Gott. Und er bedient sich sofort seiner Allmacht; er weigert sich, in seinen vorherigen Zustand zurückzukehren. So waren weder Gott noch der Mensch das, was sie zu sein schienen. Jahre vergingen, Jahrzehnte. Vielleicht sogar Ewigkeiten. Schließlich beschleunigte sich das Drama. Für den einen war die Vergangenheit, für den andern die Gegenwart schwer zu ertragen. Da die Befreiung des einen mit der Befreiung des andern verknüpft war, erneuerten sie jenen uralten Dialog, dessen Echo in der Nacht zu uns dringt, in der Nacht, angefüllt mit Haß, mit Gewissensnot, mit allem unendlichen Verlangen.«

Neujahr

Annäherungen an den Predigttext Philipper 4,10–13

Klaus Zillessen

Bei diesem Briefstück für den Neujahrstag stellte ich mir vor, er könne von Paulus als »Neujahrsgruß« an seine Gemeinde gesandt worden sein. Meine sechs Fragen an zwei (sehr unterschiedliche) Gemeindegruppen (nämlich Konfirmanden und Senioren) versuchten deren Erfahrungen und Gedanken zu Neujahrswünschen und -grüßen mit denen des Paulus in Verbindung zu bringen.

Frage 1: Was für Neujahrsgrüße und -wünsche bekommen oder schreiben Sie an gute Freunde?
Konfirmanden: »Viel Glück« – »... daß Du gut durch's neue Jahr kommst ...«, – »Gottes Segen« (auf Rückfragen stellt sich heraus, daß die Konfirmanden unter »Segen« einen besonderen, persönlichen, fast magischen Schutz verstehen).
Die Senioren lieben das Wort »Glück« nicht besonders: Zufriedenheit ist ihnen wichtiger als extreme Wünsche nach Glück oder Erfolg. Vor allem anderen ist ihnen »Gesundheit die Hauptsache« (fast ein Heilsgut oder Heilsersatz?).

Frage 2: Paulus »ist hocherfreut« über die Fürsorge der Philipper. – Was waren für uns die erfreulichsten Erfahrungen im zurückliegenden Jahr, und welche Freuden erhoffen wir uns für die Zukunft?
Hier hatte ich erwartet, daß von Senioren und Konfirmanden Urlaubsfreuden, Reiseabenteuer, persönliche Erfolge (z. B. im Sport oder in der Schule) genannt würden. Erstaunlicherweise waren aber für beide Gruppen kommunikative Erfahrungen, soziale Verbundenheit, gute Kontakte zu andern und zu Angehörigen das Wichtigste (ähnlich wie für Paulus seine Verbundenheit mit den Philippern).
So nannten die Konfirmanden Freundschaften, neue anregende Bekanntschaften aus dem Schullandheim, während die Senioren vom Besuch ihrer Kinder und Enkel zum Geburtstag oder von anderen Familienfeiern und Klassenjubiläumstreffen erzählten.

(Ob unsere Kirchengemeinden diesen Wunsch nach persönlicher Zuwendung, menschlicher Wärme und Miteinander abzudecken vermögen?).

Frage 3: Paulus ist den Philippern und Gott dankbar für die zurückliegende Zeit. – Wem und wofür werden wir im Rückblick auf die letzten Monate danken wollen?
Noch einmal bestätigt sich das Ergebnis von Frage 2: Menschliche Kontakte und Zusammengehörigkeit – das ist einem besonders wichtig. Ein älteres Ehepaar: »Wir sind Gott dankbar, daß wir einander noch haben.« Andere: »Wir sind unseren Kindern und Enkeln dankbar, daß sie uns nicht vergessen haben.« oder: »Weh den bindungsscheuen jungen Menschen, die im Alter einmal ohne Familie sein werden – Bekannte und Nachbarn sind nur ein Ersatz für die Familie.«
Auch die Konfirmanden nennen hier wieder Freundschaften als besonders dankenswerte Erfahrung.

Frage 4: Paulus erwähnt, daß manches Gute nicht zustande kam, weil es »die Zeit nicht zugelassen hat«. – Haben Sie auch solche Erfahrungen machen müssen?
Die Konfirmanden berichten hier von einem geplatzten Auslandsurlaub, zerbrochenen Freundschaften, die Senioren von Sterbefällen und anderen Verlusterfahrungen.

Frage 5: Was für Erfahrungen haben Sie mit der von Paulus benannten (geistlichen) Lebenskunst »Überfluß und Mangel – beides kann ich ertragen«?
Unsere (verwöhnten?) Konfirmanden hatten Mühe, überhaupt eine wichtige Mangelerfahrung nennen zu können. Nach langem Überlegen: »Im Urlaub beim Zelten mußte ich drei Wochen auf's Fernsehen verzichten – das war hart« (!!!).
Aber auch Mangelerfahrungen der Senioren lagen weit zurück: Kriegs- und Nachkriegserlebnisse, Flucht, Vertreibung und Gefangenschaft ... Man erinnert sich: Der Glaube war wichtig, das durchstehen zu können.
Im Blick auf die junge Generation hatten die Senioren Bedenken: Werden die jungen Leute die von Paulus beschriebene Lebenskunst lernen können? Oder vermögen sie Überfluß und Mangel nur in der Clique (statt in tragender Gemeinschaft) und mit Rauschgift (statt »durch den, der uns mächtig macht«) ertragen können?

Frage 6: Inwiefern kann – wie Paulus meint – der Glaube dabei helfen, daß man Überfluß und Mangel des Lebens verkraften kann?
Ratlosigkeit bei den Konfirmanden. – Unter den Senioren das Bekenntnis einer älteren Dame: »Ich werfe bei schweren Erfahrungen meinen Blick auf Jesus im Garten Gethsemane, seine Verbundenheit mit dem Vater im Him-

mel. Aber ich spreche dann nicht mit Jesu: Dein Wille geschehe, sondern einen Vers, den ich irgendwo einmal las: »Herr, dein Wille ist (!) geschehen. - Nun gib mir Trost und Kraft, ihn zu verstehen.« (Hat sie damit nicht auf ihre Weise ein Stück paulinischer Theologie nachvollzogen, nämlich im eigenen Leiden, das Leiden (Kreuz) Christi zu teilen und das eigene Leid vom Kreuz Christi her zu verstehen und zu deuten?)

Zum Gottesdienst

Jutta Konowalczyk-Schlüter

Theologisch-homiletische Skizze

Historische Situation
Paulus ist gefangen in Ephesus, ihm droht der Tod. Seine Gemeinde in Philippi sorgt sich um ihn. Grundlos, nach Meinung des Apostels, denn er tröstet sich mit der großen Kraft des Trostes, die in Jesus Christus gegeben ist. Vielleicht will er sich sogar mit diesem Brief von seiner Lieblingsgemeinde verabschieden. Die Perikope bildet den Schluß des Philipperbriefes, die Teilungshypothesen sind für das Verständnis der Perikope irrelevant. Scheinbar geht es um eine persönliche Angelegenheit, nämlich um Geldfragen: Paulus bedankt sich für eine Geldgabe, die er von der philippinischen Gemeinde erhalten hat. Im Gegensatz zu anderen Gemeinden hatten die Philipper Paulus schon mehrmals geholfen, diese Gemeinde steht dem Apostel besonders nahe.
Aber das Göttliche strahlt in alle persönlichen Dinge - auch in die profansten, wie die Geldangelegenheiten - aus. Dies konkretisiert sich daran, daß Paulus nicht ein einzigesmal das Wort »Dank« verwendet, obwohl er in sehr gehobener Sprache seinen Dank zum Ausdruck bringt: Er spricht lediglich von seiner »Freude in dem Herrn«. Dadurch, daß die Philipper Geld für Paulus sammelten, haben sie Gott selbst ein Opfer gebracht. Paulus und seine Gemeinde sind verbunden im Glauben an Jesus Christus. Diese Verbundenheit befreit beide Seiten dazu, ohne Beschämung und Verletzung zu geben und zu nehmen: »Die Art, wie gegeben und genommen wird, ist ein Prüfstein für die Gemeinde.« (E. Thurneysen, Der Brief des Paulus an die Philipper, Basel 1958, S. 158 f.) Der Apostel hat gelernt, von Gottes Wort zu leben und daraus Kraft zu schöpfen, Christus ist die Kraftquelle für den Glaubenden (Philipper 4,13). Diese Erfahrung gibt er seiner Gemeinde weiter. Menschliche Gemeinschaften sind eine zerbrechliche Sache. Aber die Brüder und Schwestern in Christus sind eins, sind eine Gemeinde.

Unsere Situation
In den vergangenen Weihnachtstagen haben alle Gemeindeglieder gerade die Erfahrung von Schenken und Beschenktwerden gemacht. Gleichwohl stehen am 1. Januar der persönliche Dank und die Dankesbriefe für viele Geschenke noch aus. Was mag hinter den Geschenken liegen? Und welche Wünsche verbinden sich mit ihnen? Das geht von Boshaftigkeit (Das neueste Diät-Kochbuch) über Gedankenlosigkeit

(Schlips-Oberhemd-Socken) bis in zur liebevollen Zuneigung (Ein langgehegter Wunsch hat sich sich erfüllt), zum Wunsch nach Gemeinsamkeit (Ein Gutschein für einen Theaterbesuch zu zweit) oder zum Bedürfnis nach Ruhe und Entspannung (Die Zehnerkarte für die Sauna).

Und impliziert das, was hinter den Geschenken liegt, nicht schon die Art des Dankes? Für ein boshaftes Geschenk wird man sich vielleicht gar nicht, für ein gedankenloses nur kurz und knapp bedanken. Wurde ein langgehegter Wunsch erfüllt, fällt der Dank überschwänglich aus. Hat jemand die eigenen Bedürfnisse genau erfaßt, schließt sich an den Dank vielleicht noch ein längeres Gespräch an. Aber wo gelingt es uns, in unserem zwischenmenschlichen Schenken und Beschenktwerden etwas von der Verbundenheit als christliche Gemeinde wahrzunehmen? Paulus dient hier als Beispiel für einen Menschen, der Höhen und Tiefen erlebt hat, dem es sehr gut und sehr schlecht ergangen ist, bei dem Freude und Dankbarkeit immer wieder die Oberhand behalten haben, weil sein Glaube ihn unabhängig gemacht hat von weltlichen Dingen – zugunsten der »Freiheit eines Christenmenschen«.

Das *Thema meiner Predigt* soll heißen: Freude über eine Gabe und Christus als Kraftquelle zum Leben, als Kraftquelle für das kommende Jahr.

Meine Gemeinde am Neujahrstag

Die beiden Gruppen, die etwas zu den »Annäherungen an den Predigttext« beigetragen haben (Konfirmand(inn)en und Senior(inn)en) entsprechen nahezu den Männern und Frauen, die in unserer Gemeinde regelmäßig den Gottesdienst besuchen. Menschen zwischen zwanzig und sechzig Jahren erscheinen nur sporadisch, zu besonderen Anlässen oder Feiertagen. Am Neujahrsmontag werden sich hauptsächlich regelmäßige Besucher(innen) einfinden, wahrscheinlich aus der älteren Generation, die nicht so ausgiebig Silvester feiert.

Der Neujahrstag ist mit Rückblick – vielleicht dem dankbaren Rückblick – auf das vergangene Jahr und mit Wünschen für das neue Jahr verbunden. Die Menschen ziehen Bilanz, sie sind wieder ein Jahr älter geworden, die Kinder und Enkel werden größer ... Sie denken darüber nach, was sie aus dem alten Jahr im Gedächtnis behalten möchten und was sie lieber vergessen würden. Manche denken auch: Neues Jahr, neues Glück. Jeder Anfang birgt eine Chance in sich, denn man kann Erfahrungen und Begegnungen der Vergangenheit in's Neue mit hineinnehmen. Viele Rituale gehören zum Jahreswechsel: Ausgelassenes oder besinnliches gemeinsames Feiern mit Musik, Bowle, Sekt, Feuerwerk, Bleigießen und Knallbonbons. Ganz allein »rutscht« kaum jemand in's neue Jahr. In diesen immer wiederkehrenden Weisen, dem anbrechenden Jahr zu begegnen, steckt die Sehnsucht nach Stabilität, Ermutigung und Begleitung.

Das Bekenntnis der älteren Damen (Ich werfe bei schweren Erfahrungen meinen Blick auf Jesus im Garten Gethsemane, seine Verbundenheit mit dem Vater im Himmel. Aber ich spreche dann nicht mit Jesus: Dein Wille geschehe! sondern einen Vers, den ich irgendwo einmal las: Herr dein Wille ist (!) geschehen, – Nun gib mir Trost und Kraft, ihn zu verstehen.) ist mir in ähnlicher Weise auch schon bei Gottesdienst-Nachgesprächen begegnet und ich habe mich gefragt: Woher haben gerade diese Frauen, die so viel Schweres durchgemacht haben, solch einen unerschütterlichen Glauben?

Deshalb sollte der Gedanke, im eigenen Leiden das Leiden Christi zu teilen und das eigene Leben vom Kreuz Christi her zu verstehen, in der Predigt konkretisiert werden. Parallel dazu erlebe ich es auch, daß der Wunsch nach Gesundheit, nach körperlicher Unversehrtheit, gerade bei den älteren Gemeindegliedern einen unverhältnismäßig hohen Stellenwert eingenommen hat. Deshalb müßte in der Predigt zur Sprache kommen, daß - unabhängig vom Gesundheitszustand - menschliche Kontakte und Zusammengehörigkeit das Leben lebenswert machen. Vielleicht ist der Wunsch nach Gesundheit so ausgeprägt, weil nur die »aktiven Alten« - Gemeinschaft erleben dürfen?

Vorschläge zur Liturgie

Lieder

Aus dem Evangelischen Gesangbuch:
65 »Von guten Mächten treu und still umgeben«
61 »Hilf, Herr Jesu, laß gelingen«
64 »Der du die Zeit in Händen hast«
271 »Wie herrlich gibst du, Herr, dich zu erkennen«
227 »Dank sei dir, Vater, für das ewge Leben«
432 »Gott gab uns Atem, damit wir leben«

Lesungen

Die Lesungen nehmen deutlich auf den Jahresbeginn Bezug:
Die Epistel Jakobus 4,13-16 spricht von der ungewissen Zukunft und der Orientierung am Willen Gottes; im Evangelium Lukas 4,16-21 verkündigt Jesus in Nazareth ein »Gnadenjahr des Herrn«; der Wochenpsalm 8 besingt, daß die Herrlichkeit Gottes am Menschen offenbar geworden ist; das *Votum* Kolosser 3,17 fordert zur Dankbarkeit gegen Gott auf.

Begrüßung und Psalmgebet
Pastor(in) und Lektor(in) im Wechsel:

P.: Im Namen Gottes, des Vaters, der diese Welt in's Leben rief, im Namen Gottes, des Sohnes, der Gott und Welt versöhnte, im Namen Gottes, des Heiligen Geistes, der mit seinem Beistand unter uns wirksam ist.

L.: Wir begrüßen Sie herzlich an diesem Neujahrsmorgen und wünschen Ihnen ein gesegnetes 1996! In diesem Gottesdienst wollen wir miteinander Rückschau halten auf das vergangene Jahr, uns über unsere Wünsche für die Zukunft Gedanken machen, zusammen singen, auf Gottes Wort hören und Gott um seinen Segen bitten.
In jeder 1. Woche eines neuen Jahres betet die Kirche aus dem 8. Psalm:

P.: Herr, unser Herrscher, wie herrlich ist dein Name in allen Landen ...

Gebet

Guter Gott, wir stehen ganz am Anfang eines neuen Jahres.
Wir blicken zurück auf das Vergangene.
Und zugleich schauen wir voraus auf das, was kommen wird.
Dennoch ist es uns nicht möglich, aus eigener Kraft das Ziel
unseres Leben zu finden.

Dir vertrauen wir die kommenden 365 Tage an und bitten dich:
Sei mit uns in uns'rer Welt und begleite uns im neuen Jahr –
durch Jesus Christus, deinen Sohn, der mit dir in der Einheit des Heiligen Geistes unser Leben erst lebenswert macht.

Sündenbekenntnis
Ohne deine Vergebung, Vater, sind wir vergebens.
Zuviel wende ich mich ab,
zu oft verneine ich dein Angebot als das Gebot meiner Stunde.
Vergib mir, Vater, die Angst meiner Zeit nicht zu trauen,
wenn ich meine Sicherheiten deiner Freiheit vorziehe,
wenn ich mehr festhalte als wage.
Vergib mir, wenn ich deine Schöpfung nicht zu meinem Heiligtum erhebe.
Vergib mir, Vater, die Schuld meiner geringen Liebe.
(aus: H. Baubkus, Vaterunser – Fotos und Texte, Kirchl. Kunstverlag Dresden 1994)

Gnadenzusage
Jesus sagt über sich selbst:
Ich soll nicht die in Gottes neue Welt einladen, bei denen alles in Ordnung ist, sondern die ausgestoßenen Sünder! (Markus 2,17)

Fürbittengebet
Herr, du willst notleidenden Menschen durch Menschen helfen.
Du wirst beim Gericht danach fragen,
wie weit jeder von uns dich in den Bedürftigen gefunden hat.
Laß' uns hellhörig werden für die vielfältige Weise,
in der heute dein Ruf an uns ergeht.
Daß Helfende und Hilfsbedürftige einander annehmen und würdigen,
voneinander lernen und zusammenwirken.
Zeige denen, die sich etwas zugute tun auf ihr »gutes Herz«
und auf ihren Einsatz »um des Himmelsreiches willen«,
daß wir alle unnütze Knechte sind.
Damit wir verstehen, daß es dein Geist ist, der in uns liebt und hilft.
Und daß du nicht zwischen Nehmenden und Gebenden unterscheidest.
Lehre uns begreifen, daß das Stück Brot an der Tür nicht mehr ausreicht,
wenn zwei Drittel der Menschheit hungern;
daß Sozialpolitik und Entwicklungspolitik neue Formen der Hilfe geworden sind,
die uns nicht weniger anfordern als die gewohnten Formen der Diakonie.
Gib uns Kraft, in dem heute entscheidenden Liebesdienst
aus dem Erkannten Konsequenzen ziehen zu können.
Laß uns für die Aufgaben in Gesellschaft und Kirche heute viele gute Mitarbeiterinnen und Mitarbeiter finden. Und hilf uns, den Nachkommenden zuzutrauen, daß sie das von uns Begonnene weitertragen.

Laß uns durch die Anstrengungen all dieser Überlegungen so hindurchgehen, daß wir uns am Ende mit kindlichem Vertrauen auf dich verlassen: Vaterunser
(frei nach: Ch. Blendinger u. a., Gebete für Zeitgenossen, Nürnberg 1967–69)

Vorschlag zur Predigt

Möglicher Predigtanfang
Liebe Gemeinde,
ein neues Jahr hat begonnen. Und gerade der erste Tag eines neuen Jahres lädt ein, Rückschau zu halten auf das, was war. Auf die bedrückenden Tage und Stunden ebenso wie auf die schönen Momente des Jahres 1995.
Wir machen uns zur Jahreswende aber auch besonders viele Gedanken um die Zukunft: Was wird das neue Jahr bringen? Wieviele unerledigte Dinge nehmen wir aus dem alten Jahr mit herüber in's neue? Ob wir mit dem, was auf uns zukommt, fertig werden?
Bei mir zu Hause sind schon die ersten Briefe und Postkarten mit guten Wünschen zum Jahreswechsel eingetroffen. Sie liegen auf unserem Gabentisch, den wir noch nicht abgeräumt haben, gleich neben den Weihnachtsgrüßen. Und sie haben mich daran erinnert, daß ich mich für die meisten Weihnachtsglückwünsche noch bedanken muß. Sogar für manche Geschenke steht mein Dank noch aus. An dieser Stelle muß ich gestehen: Bei manchen Geschenken fällt es mir richtig schwer, mich angemessen zu bedanken. Nämlich dann, wenn mit einem Geschenk ganz andere Zwecke verbunden werden, als schlicht und einfach Freude zu bereiten. Ich meine damit beispielsweise den Pullover in Gr. 44, der mir mit den Worten überreicht wurde: »Da wächst du bestimmt bald 'rein!« Oder den langweiligen dicken Reisebericht über die norwegischen Fjorde mit dem Kommentar: »Damit Sie auch mal was Vernünftiges lesen!«
Liegen bei Ihnen auch solcherart Geschenke mit »pädagogischem Hintergrund« auf dem Gabentisch, die Sie verletzt oder geärgert haben? Und hatten Sie schon den Mut, mit den Gebern über Ihre Verärgerung zu reden? Oder haben Sie den Dank für diese Gaben auch aufgeschoben bis in's neue Jahr, so wie ich? Eigentlich haben wir ja alle schon als Kind gelernt, daß man sich über Geschenke zu freuen und sich angemessen zu bedanken hat. Paulus reagiert hier viel großzügiger, als wir es gewohnt sind. Er wird in Ephesus unter schlechtesten Bedingungen gefangengehalten und hat niemanden, der ihn mit Geld und Lebensmitteln versorgt. Seine Lieblingsgemeinde in Philippi reagiert erst sehr spät, sammelt aber schließlich doch Geld und schickt es Paulus, dem Gründer der Gemeinde, in das Gefängnis. Aber Paulus nimmt den Philippern ihr langes Zögern nicht übel, sondern erkennt an: »Helfen wolltet ihr schon immer, aber ihr hattet keine Gelegenheit. Eure Zeit hat es nicht zugelassen.« Nun ist Paulus finanziell geholfen,

und er freut sich auch über die Hilfe seiner Gemeinde – aber er muß sofort hinzufügen, das Geschenk sei eigentlich gar nicht nötig gewesen. Zu allem Überfluß belehrt er noch seine Geber: Es geht mit dem Geld gar nicht darum, Paulus in Gefangenschaft zu helfen und ihm das Leben ein wenig zu erleichtern. Sondern darum, daß seine Gemeinde sich darin übt, Gutes zu tun! O, das hören Leute gar nicht gerne, die gerade einem Menschen in Not geholfen haben, daß nun wiederum der Bedürftige die Geber zurechtweist und belehrt! Aber Paulus hat ein besonderes Verhältnis zu seiner Gemeinde in Philippi. Und vertraut darauf, daß die Philipper ihn schon richtig verstehen werden. Deshalb beschreibt er ihnen, daß er auch Mangel leiden kann. Er hat Überfluß und Entbehrung erfahren und ist dabei genügsam geworden – aber auch stark und selbständig, »autark« heißt es im griechischen Text. Immerhin, sogar Paulus hat es erst lernen müssen, stark zu sein. Es ist ihm nicht einfach in den Schoß gefallen. Im Gegenteil, er hat die Fülle des Lebens erfahren …

Zum weiteren Verlauf
Erfülltes Leben als ein Leben im Wissen um Höhen und Tiefen, Schmerz und Freude beschreiben. Die Kraft, die alles verbindet, geht von Christus aus. In der Kraft dieses Herrn, in der Bindung an ihn, kann man alles überstehen, was einem im Leben begegnet.
So wird Paulus durch das Geldgeschenk der Philipper in erster Linie mit Zeichen des lebendigen Glaubens beschenkt durch die aktive Treue seiner Gemeinde.

Möglicher Schluß
So blicken wir nicht nur weit voraus am Anfang eines neuen Jahres, liebe Gemeinde, sondern wir blicken auch tiefer. Wünsche darf man haben für die kommende Zeit, auch Paulus hat sie. Aber wir tun gut daran, uns nicht von unseren Wünschen abhängig zu machen. Innere Freiheit zu bewahren – ganz gleich, ob unsere Wünsche in Erfüllung gehen oder nicht.
»Ich vermag alles durch den, der mich mächtig macht: Christus!«
Wer von uns kann das schon von sich sagen?
Aber wir können uns fragen, ob wir uns die Lektion, die Paulus mühsam gelernt hat, nicht auch zu eigen machen können. Woher nehmen wir die Kraft, dem neuen Jahr und seinen Anforderungen zu begegnen? Gerade dann, wenn es uns schlecht geht? Und wir darum bitten und beten, daß uns ein starker Glaube und Selbstsicherheit geschenkt werden. Christi Kraft kann auch uns zuströmen, wir können uns von seiner Kraft durchdringen lassen. Gott will ja gerade denen helfen, die sich nicht stark, jung und selbstbewußt fühlen. Wir dürfen ihn immer wieder um seine Kraft bitten: Im Gottesdienst, im Gebet, im Bibellesen oder im Abendmahl kann seine Kraft in uns wirksam werden. Und sie kann uns gelassen machen. Gelassen gegenüber den sogenannten »Realitäten«. Wenn ich meine gegenwärtige

Existenz und meine Zukunft in Gottes Hände lege, wenn ich darauf vertraue, aus seiner Macht die Kraft zu empfangen, jeden Tag zu bestehen, dann kann ich freudig das Angenehme genießen, aber auch gelassen das Unangenehme ertragen.
Vielleicht, liebe Gemeinde, kann mit solcher Gelassenheit nicht nur das eigene Leben bestanden, sondern auch unsere menschliche Gemeinschaft verändert werden? Ich will es jedenfalls versuchen, mich für bestimmte Geschenke - den Pullover und das Buch - nicht einfach nur zu bedanken und meinen Ärger hinunterzuschlucken. Sondern mit den Gebern darüber zu sprechen, daß mich ihre Gaben verletzt haben. Und ich wünsche uns allen zum neuen Jahr, daß wir eines Tages mit Paulus sagen können: »Alles vermag ich durch den, der mich stark macht: Christus!«

Kontexte

Ich werde auf dieser Welt nur einmal wandern. Wenn ich etwas Gutes tun oder einem menschlichen Wesen oder stummen Tiere etwas Liebes erweisen kann, soll es daher gleich geschehen. (John Galswothy)

O Gott, führe uns freundlich durch diese Zeiten, aber vor allem führe uns zu dir. (D. Bonhoeffer)

Zum Thema »Gute Vorsätze für das neue Jahr« vgl. P. Bacher, Heute ist Sonntag, Einladung zum Innehalten, Frankfurt a. M. 1992, S. 124–126: Der Vorsatz zum Jahreswechsel: Keine guten Vorsätze mehr.

Epiphanias

Annäherungen an den Predigttext 2. Korinther 4,3–6

Gerhard Engelsberger

1. Nachweihnacht

Die Ros ist entsprungen,	Das Ros ist erfroren,
das Licht ist erschienen,	das Licht ist erloschen,
das Kind ist geboren,	das Kind auf der Flucht
die Welt ist erlöst.	die Welt aus dem Lot.

(G. Engelsberger, Wir kommen auf Umwegen, Evangelischer Presseverband für Baden e. V., Karlsruhe 1991, S. 18)

2. Epiphanias
Die Welt schlägt sich uns in diesen ersten Tagen des Jahres in all ihrer Nüchternheit auf. Nichts hat sich verändert. Und wir wußten es schon vorher. Die Heilige Familie ist auf der Flucht vor der Macht, und viele finden sich in dieser Geschichte wieder.
Wir erzählen vom Licht, das sie nach all den Lichternächten, Freudenfackeln und Kurzschlüssen unter dem Weihnachtsbaum doch längst satt haben. Sie sehnen sich nach trocken Brot, Bürogeruch und dem satten Gedröhn der Maschinen. Es gibt keine Steigerung des Superlativs, und Heiliger Abend ist der Superlativ. Bei allen frommen Wünschen, Weihnachten könne in seiner Bedeutung durch das Osterlicht relativiert werden, die faktische Religiosität schlug sich andere Wege.

3. Ist nun aber unser Evangelium verdeckt …
Kaum haben sie diesen Satz gelesen, kommen die fast schon erwarteten Reaktionen in beiden unserer Bibelkurse: Kein anderer Evangelist verdeckt, als die Kirche selbst. Die mutlosen, opportunistischen Pfarrer, die nicht ehrlich sind auf der Kanzel. Die Päpste, Bischöfe und Kirchenleitungen, die bei aller gegenteiligen Rede die mündigen Gläubigen fürchten. Sie ahnen »Geheimnisse«. Ankündigungen von »Enthüllungen« über biblische Sachverhalte, gar noch mit dem Hinweis auf zurückgehaltene Dossiers der Kirche, treiben immer noch die Auflagen in die Höhe.
Es fällt schwer, Vorurteile zu korrigieren. Kirche scheut selbst oft das Licht im Dunkel. Kirche drückt sich vor der »Christus-Predigt«, – was anderes wäre »Evangelium«? Aber diese Scheu ist die natürlichste Sache der Welt,

weil die Kirche selbst dem Anspruch nicht gewachsen ist. Die Scheu vor der Christuspredigt – sie allein ist die Enthüllung, um die es gehen könnte – ist so besehen keine Schwäche der Kirche, die zu schelten wäre, sondern Zeichen ihrer Selbstkritik, ihrer Ehrlichkeit. Sie muß immer wieder neu von Gott ermutigt, begeistert, gedrängt werden. Die Geschichte der Predigt von Paulus bis zum Prediger von Buchenwald, von Augustinus bis zur Trauerpredigt am Sarg eines 9jährigen Unfallopfers ist eine Geschichte der selbstzweifel und Verzagtheit, der geschenkten Ermutigung und Standhaftigkeit. Die Scheu vor der Christuspredigt ehrt die Kirche und ihre PredigerInnen.

4. ... dann denen, die verloren werden

Sie bestehen darauf, das sei ein Rückfall in ein exklusives Heilsverständnis. Mit Christus sei deutlich – ich gebe es in meinen Worten wieder –: Das Heil Gottes ist inklusiv. Vehement wehren sie sich dagegen, daß Gott »den Ungläubigen den Sinn verblendet hat«. Wir laden in der Diskussion bald bei der Theodizeeproblematik. Zum wievielten Mal in nunmehr zwei Jahren. Als ob die alten Diskussionen über Prädestination und freien Willen plötzlich wieder aktuell würden, wo sie doch in der theologischen Diskussion der vergangenen Jahre ebenso eine Randexistenz führen wie Gericht, Sünde, Verstockung, Allmacht und andere »Zumutungen«. Wörtlich eine engagierte Frau Mitte 40: »Was hier steht, ist eine Zumutung! Das können Sie so nicht bringen. Nicht mehr heute. Und nicht nach dem, was die Kirche angerichtet hat.«

5. ... hat einen hellen Schein in unsre Herzen gegeben, daß durch uns entstünde die Erleuchtung

Erleuchtung. Ein Initialwort all derer, die sich durch die Kirche bisher hinters Licht geführt fühlen.

Da suchen Menschen wieder den göttlichen Funken, das göttliche Licht in sich. Versenken sich, wollen sich abschirmen von der Welt um sich. Suchen in der Kraft von Steinen, in der Kraft von Bäumen, in Sonnenwenden und am Nachthimmel Antwort auf ihre Fragen. Sie suchen Heil zum Ich-Tarif, suchen den Ausstieg auf Zeit, träumen einen kurzen Traum vom Glück, tanzen mit geschlossenen Augen eingebildeten Sonnen in die Arme, taumeln danach wieder in eine unverändert graue, müde und einsame Welt. Aus der sie dann immer wieder aufs Neue fliehen. Zurück bleibt die unerlöste Welt, der schale Geschmack des Selbstbetrugs, und nicht selten ein leerer Geldbeutel.

Diese neue, gefühlsbetonte, softe Erlebnis-Religiosität auch in unseren Kirchen ist ein sehnsüchtiger Ruf nach einem offenen Himmel. Diese Zeit sehnt sich nach Geheimnissen. Kommt offensichtlich nicht damit zurecht, daß die Welt durch die Wissenschaft, durch die Medien, durch die Möglichkeit, alles haben und kaufen zu können, entzaubert ist. Wer heute Geheimnisse gut zu verkaufen weiß, ist am meisten gefragt.

Es scheint, als gäbe es nur das blinde, müde Stolpern vom einen zum anderen Tag bis an der eigenen Tage Ende, und dazwischen den Trip. Die Sensation. Den immer wieder neuen, kurzen Ausstieg, das kurze Erschauern vor dem Geheimnis, das kurze Bad im Glück. David Copperfield, Stimmen aus dem All, Kuschel- und Traummusik, Atlantis, Heilungsgottesdienste, lateinische Gesänge, möglichst vierstimmig und mit Kerzen – so wie sie in Stadien und auf Open-air-Festivals Wunderkerzen entzünden, wenn es soft wird.

... einen hellen Schein in uns: Mir fällt es schwer, die katholische Pfarrgemeinderätin davon zu überzeugen, daß damit nicht der göttliche Funke in ihr gemeint sei. Aber es stehe doch da! Ich erzähle von Gnosis und Seelenwanderung. Sie verteidigt ihren Gottesrest in sich, als sei er der letzte »Funken« Hoffnung.

6. ... zur Erkenntnis der Herrlichkeit Gottes in dem Angesicht Jesu Christi

Das »Angesicht Jesu Christi« haben sie ohne Ausnahme überlesen. Als ich sie darauf hinweise, sind sie ratlos. Natürlich: Jesus als das Bild des neuen Menschen, als das wahre Ebenbild Gottes ... Vielleicht spüren sie die Provokation, die genau an dieser Stelle jeden Einzelnen und jede Gruppe vom »Erleuchtungstrip« recht schnell auf den Boden zurückholt. Luther gibt in einer seiner Tischreden den Rat: »Wer Gott erkennen und ohne Gefahr von Gott spekulieren will, der schau in die Krippe, heb unten an und lerne erstlich erkennen der Jungfrau Maria Sohn, geboren zu Bethlehem, so der Mutter im Schoß liegt und säugt oder am Kreuz hängt, danach wird er fein lernen, wer Gott sei. Solches wird alsdann nicht schrecklich, sondern aufs allerliebste und tröstlichste sein. Und hüte dich ja vor den hohen fliegenden Gedanken, hinauf in den Himmel ohne diese Leiter zu klettern, nämlich den Herrn Christus in seiner Menschheit (Menschlichkeit), wie ihn das Wort fein einfältig darstellt. Bei dem bleibe und laß dich von der Vernunft nicht davon abführen, so ergreifst du Gott recht.« (Luther Deutsch, Band 9, Tischreden, S. 000)

Zum Gottesdienst

Albert Damblon

Exegetisch-homiletische Skizze

Als niederrheinischer Katholik verbinde ich mit dem Fest Epiphanias sofort das Brauchtum um die Heiligen Drei Könige. Wahrscheinlich hat die Metropole des Rheinlandes, die Stadt Köln, Einfluß genommen, seit ihr Erzbischof, Reinald von

Dasseln, am 23. Juli 1164 die vermeintlichen Reliquien nach dort überführte. Bis dahin waren sie in Mailand aufbewahrt, wohin sie Kaiser Konstantin gebracht hatte. Auf jeden Fall löste die Überführung dieser Erinnerungsstücke eine große Verehrung der Magier aus dem Osten aus. Sie erstreckte sich entlang des Weges, den ihre Gebeine zurückgelegt hatten. Noch heute finden sich an der Route Gasthöfe, die in ihrem Namen die alte Tradition aufgreifen. Die Reisenden können zu den »Heiligen Drei Königen«, zu den »Drei Mohren« oder zur »Krone« einkehren. Der Höhepunkt der Verehrung wurde im 15. Jahrhundert erreicht. Deshalb verwandelte sich in Deutschland das Herrenfest »Erscheinung« zu einem Heiligenfest. Das Volk spricht bis heute vom Dreikönigentag, obwohl biblisch (Matthäus 2,2) weder von Königen noch von drei die Rede ist. Origines zählte die in der Heiligen Schrift angegebenen Gaben und schloß daher auf drei Magier. Spätestens seit Cäsareus von Arles (6. Jahrhundert) wurden die drei in den Königsstand erhoben. Kurz darauf kannte man die Namen der drei Könige: Caspar, Melchior und Balthasar.

Die lange Tradition saugt der rheinische Katholik mit der Muttermilch auf, so daß für ihn ab dem 6. Januar die Figuren der Drei Könige an die heimische Krippe gehören. Als Kind ging ich an diesem Tag in die Pfarrkirche, um nachzuschauen, ob Caspar, Melchior und Balthasar schon im Stall von Bethlehem angekommen waren. Gern habe ich mich selbst als König verkleidet, manchmal das Gesicht sogar schwarz gefärbt, und bin als sogenannter Sternsinger durch unseren Stadtteil gezogen. Wir Kinder sangen an den Türen der Häuser Weihnachtslieder, sammelten Geld für ein Missionsprojekt und schrieben mit Kreide an die Türpfosten den Segensgruß für das kommende Jahr: C + M + B = Christus + Mansionem + Benedicat = Christus segne das Haus. Da wir noch kein Latein gelernt hatten, waren für uns die drei Buchstaben die Anfänge der königlichen Namen. Für mich gehört das Dreikönigsfest mit zum weihnachtlichen Brauchtum, und eine Krippe ohne Königsfiguren wäre für mich wie Weihnachten ohne Tannenbaum. Aus diesem Grund verbinde ich mit Epiphanias zuviele Kindheitserinnerungen, um sofort einen mir völlig fremden Bibeltext - zumindest für dieses Fest - zu erarbeiten. Die Geschichte des Dreikönigstages finde ich im Matthäusevangelium (2,1-13), der sicher kein königlicher Text ist.

Unabhängig von Matthäus und von den Kindheitserinnerungen kennt das Fest einen theologischen Inhalt. Ein Clemens von Alexandrien (gestorben 215) berichtet von einer gnostischen Sekte in seiner Heimatstadt, die am 6. Januar das Fest der Taufe Jesu feierte. Nach gnostischer Auffassung nimmt der göttliche Logos in der Taufe Besitz vom Menschen Jesus, wodurch er Sohn Gottes wird. Dahinter mag sogar ein heidnischer Brauch stehen, denn in Alexandrien wird bis dahin am 6. Januar das Geburtsfest des Sonnengottes Äon gefeiert, den die Jungfrau Kore geboren hatte. Wann die Großkirche den christianisierten Festtag übernommen hat, bleibt unklar. Auf jeden Fall verbreitet sich in der zweiten Hälfte des 4. Jahrhunderts das Fest in allen Kirchen des Ostens und des Westens, obwohl schon damals unterschiedliche Festinhalte liturgisch thematisiert wurden. In Ägypten feierte die Kirche nach wie vor die Taufe Jesu als eine Erscheinung Gottes in dieser Welt: die Jerusalemer Kirche erinnerte sich an diesem Tag ausschließlich an die Geburt Jesu. Ähnlich hielten es Antiochien und Syrien. Konstantinopel dagegen gedachte umfassender der Menschwerdung Gottes. In der Westkirche lag ein Akzent bei der Anbetung der Magier, besonders seitdem die Geburt Jesu am 25. Dezember gefeiert wurde. Gallien faßte die sogenannten Epiphaniewunder an diesem Tag zusammen. Zur Anbetung der Magier und zur Taufe Jesu gesellte sich das Weinwunder zu Kanaan. Die altrömische Kirche hat diese Wunder in »geistvoller Weise unter dem

Motiv der Hochzeit Christi mit seiner Kirche zusammengefügt: Als Brautbad in der Taufe, als Hochzeitsmahl mit dem Wunderwein, zu dem die Weisen mit ihren Geschenken eilen«. (R. Berger) Auch Martin Luther »spricht von mehreren Vorgängen als Inhalt des Epiphaniefestes, insbesondere will er von der Taufe Christi gehandelt wissen«. (RGG 2. Auflage)

Kindheit, theologische Tradition und eine von der evangelischen Leseordnung vorgeschriebene Perikope prallen aufeinander, so daß es mir schwer fällt, mich vorurteilsfrei auf den Korinthertext einzulassen. Zuerst fällt mir auf, daß Paulus sich vehement verteidigt. Gerade die ersten beiden Verse des Kapitels, die nicht zur Perikope zählen, erklären die Position des Paulus. Er »lehrt offen die Wahrheit« und kann sich so jedem in der Gemeinde stellen. Dennoch scheinen in Korinth die Vorwürfe nicht zu verstummen. Vielen bleibt das von Paulus gepredigte Evangelium wie verhüllt, obwohl doch seit Christus die verhüllende Decke, die noch Mose vor sein Gesicht halten mußte, weggezogen ist. (vgl. 2 Kor 3,12–18) Widerspricht die korinthische Realität der Behauptung des Paulus, daß alle die Herrlichkeit Gottes schauen dürfen? Oder war die Predigt des Apostels nur besonders schwer, unverständlich und dunkel? Paulus hört den Einwand der Korinther. Er geht darauf ein. Es sei nicht seine Schuld, wenn das Evangelium für einige verhüllt bleibe. Der »Gott dieser Weltzeit« hat sie verblendet und ihr Denken für die Botschaft des Evangeliums verschlossen. Hinter dem Gott dieser Zeit verbirgt sich kein anderer als der Satan, von dem Paulus sonst spricht. Er allein besitzt die Macht, das Licht Gottes zu verfinstern. Weder Gott noch seine Kirche verhüllen das Evangelium so, daß die Menschen seinen Sinn nicht erkennen können. (vgl. 3 und 4 des Gesprächsprotokolls) Einzig die Sünde und der, der die Menschen zur Sünde verführt, verfinstern den Glanz der Heilsbotschaft. Auf diese Weise gehen einige verloren, weil sie in ihrem Leben Gottesebenbild nicht entdeckt haben. Damit wird dem Satan ein ungeheurer Einfluß zugesprochen, der aber auf die Zeit der vergänglichen Welt beschränkt wird. Im neuen Äon verfällt die Macht des Teufels, der sich dem Heilswillen und der Herrschaft Gottes unterordnen muß. Als Prediger liegt Paulus im Streit mit dem Satan. Es ist selbstverständlich, daß ein Apostel in diesem Kampf auf Leben und Tod, Licht und Finsternis unterliegen kann. Auf jeden Fall ist sich Paulus darüber im klaren, wie für einige Korinther der Vorhang vor Gottes Angesicht zugezogen ist. In Jesus Christus entdecken sie nicht das Bild Gottes, was aber der Prediger nicht zu verantworten hat. »Mit dem Wort Bild meint Paulus etwas wesentlich anderes als unser heutiger Sprachgebrauch. Bei uns bezeichnet das Bild die Nachbildung einer Person, die in ihrer Ferne bleibt, während die Abbildung durch die Ähnlichkeit mit dem Abgebildeten an das Urbild erinnern soll. Für Paulus wird im Bild der Abgebildete sichtbar und offenbar ... Christus ist das Ebenbild Gottes. Er ist die Erscheinung (Epiphanie) Gottes in der Welt.« (K. H. Schelkle, vgl. Joh 14,9) Auf diese Weise klingt das Thema des heutigen Festes an. Darum geht es Paulus, wie er jetzt noch einmal nachdrücklich versichert. Seine ganze Predigt und sein ganzer Dienst ordnen sich der Epiphanie Gottes in Jesus Christus, dem Herrn, unter. Jesus Christus, der Herr: ein kürzeres Glaubensbekenntnis gibt es nicht. Um nichts anderes dreht sich die paulinische Verkündigung, die er als Knecht der korinthischen Gemeinde versieht. »Er redet hier nicht davon, worin seine Arbeit bestehe, sondern davon, welche Bedeutung und welches Recht ihm dabei zukommt, ob die Gemeinde ihm gehört oder er der Gemeinde, ob die Gemeinde über ihm steht oder er über ihr.« (A. Schlatter) Ist mit diesem »Knechtsein« vielleicht nicht auch die Scheu moderner Predigerinnen und Prediger, wie sie im Bibelkurs anklingt, zu deuten? (vgl. 3) Der Knecht ist eben bescheiden und demütig. Der Schlußvers der Perikope schlägt einen

großartigen Bogen. Er verweist zurück auf den Tag der Schöpfung, als Gott aus dem Nichts Licht und Finsternis geschaffen hat. (vgl. Gen 1,3) In einem ähnlichen Schöpfungsakt spricht Gott erneut: Es werde helles Licht in euren Herzen. Nach Meinung der Kommentare spielt Paulus hier auf seine eigene Bekehrungserfahrung an. Vor Damaskus erstrahlte ihm ein helles Licht, und es erleuchtete ihn zur Erkenntnis der Herrlichkeit Gottes auf dem Antlitz Christi. So wie er durch das Damaskus-Erlebnis neu geschaffen wurde, so sollen alle Hörerinnen und Hörer seiner Predigt neu geschaffen werden. Die Predigt des Paulus bringt die Erkenntnis des göttlichen Glanzes ans Licht. Dabei ist einzig und allein Jesus Christus die Epiphanie Gottes und damit für uns der Grund, Epiphanie zu feiern.
Die Fülle des Materials erschwert die homiletische Entscheidung für ein Ziel der Predigt, zumal ich nicht weiß, wie in der evangelischen Kirche Epiphanie gefeiert wird. Nach Auskunft des RGG besteht eine unterschiedliche Praxis. In manchen Landeskirchen begehen die Gemeinden das Fest als hohen Feiertag, während in anderen der Tag überhaupt nicht auftaucht. Ich gehe von einer schwachen Beteiligung an Epiphanias, ähnlich wie bei den Katholiken in Norddeutschland, aus und versuche, mir vertraute Festelemente mit der wesentlichen Aussage der Perikope, Jesus Christus sei die Epiphanie Gottes, zu verbinden. Die Drei Könige führen an die Krippe Jesu. Der Brauch des Volkes greift die Aussage Martin Luthers auf, die im Bibelkurs zum Schluß zitiert wird. Wer Gott in Jesus Christus erkennen will, muß zur Krippe und zum Kreuz gehen. Ohne diese »Leiter in den Himmel« ist Epiphanieerfahrung unmöglich.
Mein Predigtziel lautet deshalb: Ich will die Gemeinde auf die Krippe Jesu aufmerksam machen und dort den Glanz Gottes suchen.
Es ist mir klar, daß ich die Frage des Bibelkurses nach der Begrenzung des Heils auf einen exklusiven Kreis von Menschen nicht beantwortet habe. (vgl. 4) Sie scheint mir aber auch in einer Predigt unbeantwortbar.

Vorschläge zur Liturgie

Lieder

Gelobet seist du, Jesu Christ, daß du Mensch geboren bist (EG 23)
Ich steh an deiner Krippe hier (EG 37)

Eingangspsalm

Psalm 72,10–19

Gebet

Gott, Du hast Dein Lebenslicht allen Menschen geschenkt, auch mit dem Licht des Glaubens willst Du sie begnaden, damit sie Leben haben in Fülle. Wir bitten Dich, tu unsere Augen auf für Jesus Christus, in dem alle Deine Menschenfreundlichkeit erschienen ist.
Er ist ein Wort des Lichtes, der Weg zum Leben für jeden Menschen dieser Welt, er ist der Sohn, der mit Dir lebt in Ewigkeit. Amen.
(aus: Huub Oosterhuis, Ganz nah ist Dein Wort, Herder Wien)

Fürbitten
Gott, Du bist uns in Jesus Christus erschienen, arm, menschlich, unscheinbar. Seitdem bist Du unter uns, auch heute. Du läßt Dich finden, auch von uns. Wir bitten:

Für alle, die im Finstern sind:
Mach sie aufmerksam, daß Du bist. Zeig Dich ihnen. Laß sie den Stern über ihrem Leben sehen, der in die Richtung weist, wo Du bist.

Für alle, die allzu sicher sind und irgendwo festsitzen:
Ermutige sie, ihre Zelte und allzufesten Wohnungen aufzubrechen zu Dir hin. Gib ihnen die Unzufriedenheit über das, was sie im Augenblick haben. Öffne sie für das Mehr.

Für alle, die nicht mehr oder noch nicht unterwegs sind:
Sag ihnen, daß sich der Mensch wandernd wandeln muß und das Ziel noch nicht erreicht ist. Kräftige und ermuntere sie auf ihrem Weg und schick ihnen Brüder und Schwestern, die mit ihnen gehen.

Für alle, die nicht suchen wollen:
Offenbare ihnen Deine Nähe und Verborgenheit, die nicht erfahren werden können, wenn wir nicht fragen und suchen nach Dir, und daß man weit gehen muß zu Dir, auf geraden Strecken und mühsamen Pfad.

Für alle, die Dich finden dürfen:
Überwältige sie durch Deine Herrlichkeit, daß sie nie mehr Dich vergessen können, nie mehr von Dir loskommen und niederfallend anbeten Deine Liebe und Deine Größe. Laß sie bekehrt - von diesem Tag an - auf einem anderen Weg weiterziehen als Menschen, die Christus begegnet und durch ihn heil geworden sind.

Gott, das sind unsere Bitten. Komm uns entgegen und laß uns schauen Deine Herrlichkeit, die allein uns für die Zukunft glücklich macht. Das erbitten wir durch Christus unsern Herrn. Amen.

Schlußgebet
Herr, unser Gott, wir stehen in einer neuen Situation unserer Welt und auch unserer Kirche. Oft meinen wir, es sei dunkel um uns und wir würden kein Licht sehen. Dann wollen wir den Mut verlieren und uns am Sicheren, am Gewohnten, am Vergangenen festhalten. Laß uns weggehen vom Alten und suchen und wandern, bis wir Dein Licht von neuem finden dürfen, bis Du uns gefunden hast in Jesus Christus, unserm Herrn. Amen.
(aus: Erich Legler, Modelle für den Gottesdienst II, Süddeutsche Verlagsgesellschaft Ulm 1973)

Vorschlag zur Predigt

Möglicher Anfang

Zu Beginn zitiere ich das Gedicht von G. Engelsberger und den Abschnitt 2 des Gesprächsprotokolls bis zu dem Satz: »Und Hl. Abend ist der Superlativ.«

War der Heilige Abend bei Ihnen ein Superlativ? Ich kenne Ihre Antwort nicht. Die meisten aus unserer Gemeinde haben alles daran gesetzt, ihn zum Superlativ zu machen. An einem Tag im Jahr soll sich ihre Sehnsucht nach Glück und Frieden erfüllen. Nur einmal braucht das Licht in der Nacht zu leuchten. Es reicht, in der dunklen Nacht auszuhalten. Nur einmal brauche ich das ganze Glück zu erfahren. Es reicht, das Leben zu ertragen. Der Heilige Abend ist für viele dieses eine Mal. Oder sie wünschen sich, daß er es sei. Bei manchem klappt es. Ihre Sehnsucht wird ein wenig gestillt, so daß sie bis zum nächsten Heiligen Abend leben können. Andere scheitern. Aber deswegen hoffen sie jetzt schon auf nächstes Jahr Weihnachten. Die meisten Menschen verbinden große Erwartungen mit dem Heiligen Abend. In christlicher Sprechweise drückt es Paulus aus: »Aus Finsternis soll Licht aufleuchten. Er ist in unseren Herzen aufgeleuchtet, damit wir erleuchtet werden zur Erkenntnis des göttlichen Glanzen auf dem Antlitz Christi«. Wenn er wirklich aufgeleuchtet ist, ist das der Superlativ.

Möglicher Verlauf

Gedicht und Gespräch verraten, daß der nachweihnachtliche Alltag den Festglanz schnell verhüllt. An dieser Stelle sollte die Predigt »Verhüllungserfahrung« konkret benennen.

- Am Arbeitsplatz ist nichts mehr von weihnachtlichem Glanz zu spüren. Die Kolleginnen und Kollegen hacken weiter aufeinander ein, und der Chef setzt die ganze Belegschaft wie vor Weihnachten unter Druck. Die Produktionszahlen müssen stimmen. Freie Festtage können nur nach Weihnachten aufgeholt werden. Alle spielen mit, denn der Arbeitsplatz ist sowieso nicht sicher. Was bleibt vom Superlativ? Wo leuchtet noch die Erkenntnis des göttlichen Glanzes? Vielleicht zitiert der/die Prediger/in hier noch einmal die zweite Strophe des Gedichtes.
- Ist Weihnachten wirklich der Superlativ? Was verstehen die Menschen unter einem Superlativ? Grammatisch ist er die Höchststufe der Steigerung. Wenn es am Schönsten ist, kann es nicht mehr schöner werden. Der Superlativ verkörpert in der deutschen Sprache fast göttliche Eigenschaft. Der göttliche Glanz, der zu Epiphanias gefeiert wird, ist im Superlativ nicht mehr zu übertreffen. Steckt hinter der Sehnsucht nach dem Superlativ nicht ein bestimmtes Gottesbild, das in den meisten Köpfen herumspukt?
- Z.B. Gott der Allmächtige, der jederzeit ein- und durchgreifen kann.
- Gott, der Herrscher über Leben und Tod

- Gott, der König der Welt
- Gott, dem die Engel auf dem Hirtenfeld zujubeln

Die Predigt müßte an dieser Stelle ein solches Gottesbild, das landläufigen Vorstellungen entspricht, ausführlich und kritisch darstellen. Der Wunsch nach einem Gott der Superlative hat wahrscheinlich im katholischen Brauchtum aus den Magiern des Matthäus drei Könige gemacht, also Menschen, die in ihrer königlichen Autorität Gottes Königtum widerspiegeln.

- Vielleicht erzählt der/die Prediger/in ein wenig vom Sternsingerbrauch in der katholischen Kirche.

Weil Gott König ist, erweisen ihm zur Geburt seines Sohnes drei Könige die Ehre. Der göttliche Glanz erscheint dann als Pracht eines königlichen Hofes, an dem ausländische Machthaber vor dem neugeborenen Thronfolger ihren Hofknix machen. Wahrscheinlich spielen deshalb Kinder gerne die drei Könige. Die Kleinen, die Ohnmächtigen dürfen einmal wie Große, Mächtige sein. Erkennen wir dann Gott in der Superlative der Macht richtig? Ist nicht paradoxerweise der königliche Pomp die Decke, die heute das Evangelium verhüllt?

- Das Gesprächsprotokoll (»Annäherungen«) vermerkt: »Das Angesicht Jesu Christi haben sie ohne Ausnahme überlesen«. Dieser Satz wird zum entscheidenden Impuls für den weiteren Predigtverlauf. Jesus Christus zeigt den göttlichen Glanz. Er allein ist das Licht, das in der Finsternis aufleuchtet. An diesem Hinweis kommt die Predigt nicht vorbei. Sie muß einseitige Gottesbilder korrigieren, denn Jesu Leben und Handeln zeichnen sich gerade durch seine Machtlosigkeit aus. Der Superlativ, der ihn mit aller Vorsicht theologisch charakterisiert, lautet: Jesus Christus, der Ohnmächtigste.
- Ich stelle mir vor, in der Predigt folgende Brücke zu schlagen. Wohin wandern die sogenannten Drei Könige? Sie ziehen nicht in ein prunkvolles Schloß, das einem König in der Hauptstadt seines Landes zusteht. Die Drei verlassen jede Stadt, jeden Palast, und sie pilgern aufs Land, bis sie einen Stall finden. Zwischen den Tieren hocken die Eltern, in einem Futtertrog schläft das Baby. Als Könige passen sie gar nicht in das Milieu. Die Armut von Bethlehem stiehlt ihnen die Kronen vom Kopf.
- Die Spannung, die in der Situation liegt, ist in der Predigt auszuhalten und auszumalen. Der göttliche Glanz strahlt dort auf, wo die meisten ihn nicht erwarten. Selbst die, die Heiligabend gefeiert haben, vermuten das göttliche Licht eher im festlichen Glanz des Abends als in der Primitivität eines Stalles. Das macht den Reiz des Heiligen Abends aus. Dennoch bleibt der Widerspruch: In warmgeheizten, hellerleuchteten Zimmern feiert die christliche Gemeinde die Erscheinung Gottes in einem kalten, dunklen »Stall«.
- Diesen Widerspruch hat die Predigt auszukosten. Der Gedanke läßt sich weiter entwickeln. Leuchtet das Licht Gottes nicht eher im nachweihnachtlichen Alltag als am Heiligen Abend? Entspricht der Streß unseres

Lebens der Krippensituation? Warum deuten wir dann den Stall als Verhüllung und nicht als Enthüllung? Stellen wir uns Gott als Superlativ der Macht vor oder der Ohnmacht? Epiphanie in der Ohnmacht, wir könnten das am Bild der Krippe begreifen.

Möglicher Schluß

Zum Schluß schlage ich vor, den Martin-Luther-Text zu zitieren. Die Quintessenz des Luthertextes drückt das Weihnachtslied EG 27 so aus:
(1) - Lob Gott, ihr Christen alle gleich, in seinem höchsten Thron ...
(2) - Er liegt dort elend, nackt und bloß in einem Krippelein.
Singen wir dieses Lied jetzt gemeinsam!

1. Sonntag nach Epiphanias

Annäherungen an den Predigttext Jesaja 42,1-4 (5-9)

Reinhard Kirste

Bearbeitung des Textes mit einer Erwachsenengruppe

Entdeckungen beim ersten gemeinsamen Lesen, ohne Kenntnis der exegetischen Zusammenhänge (es lag die Lutherübersetzung zugrunde):
Jes. 42,1-4 verhält sich zu V. 5-9 wie der Grundsatz zur Ausführung:
- Gott gibt den Atem. Sein Lebensatem ist sein guter Geist.
- Gott macht die Erde wohnlich: Er gibt Gewächse, er beseitigt die Wüste.

Offensichtlich bedient sich Gottes Gerechtigkeit menschlicher Hände, um
- den Blinden die Augen zu öffnen,
- Gefangene aus dem Gefängnis zu führen,
- den Hoffnungslosen Hoffnung zu geben

Anfragen nach dem zweiten Lesen des Textes (jeder liest für sich):
Wer sind die Heiden? Ist das nicht ein abwertendes Wort?
Wenn die einen die Heiden sind, wer sind dann die anderen: die Besseren, die Frommen?
Wo bleibt denn das Neue, das angekündigt ist?
Wer will schon Neues hören, wenn es ihm nichts nützt?
Wer ist denn der Knecht, der von Gott geschickt wird?
Wofür ist Wüste ein Symbol?
Wer sind die Götzen, damals und heute?

Anfragen nach dem dritten Lesen des Textes (jeder geht den Text mit seinem Nachbarn, seiner Nachbarin durch):
Wenn man statt Heiden besser Völker sagen kann, wem gilt dann die Zusage der Gerechtigkeit?
Das ist doch ein zweifelhafter Auftrag:
1. Das Recht soll zu den Völkern gebracht werden: Gut!
2. Das Recht soll auch durchgesetzt werden: Noch besser!
3. Aber das dauert!
4. Das Recht wird wohl nie durchgesetzt werden?
   Von Treue kann man da wohl nicht mehr reden (V. 3).

5. Wie soll denn der Ohnmächtige das Recht durchsetzen? (V. 2): Gandhi hat das ja auch nicht geschafft.

Frage: Um wessen Recht geht es eigentlich?

Antwort: Doch um Gottes Recht, das ist das Recht der Armen, Unterdrückten und Ausgestoßenen. Wenn Gott sein Recht mit unseren Händen, mit unserem Engagement durchsetzen will, was müssen wir dann konkret tun - in unserem Lebensbereich, auf politischer Ebene?

Wir ahnen natürlich, daß in der christlichen Deutung der »Knecht« mit Jesus identifiziert wird? Aber was sagen die Juden, wenn wir diesen Knecht für uns christlich vereinnahmen?

Gibt es heute solche »Knechte«, die von Gott geschickt werden? Wenn ja, was können sie angesichts der Ungerechtigkeit im Kleinen wie im Großen wirklich ausrichten? Ist Gewaltlosigkeit nicht eine Illusion? Es hat sich doch - seit diese Worte ins Jesajabuch gekommen sind - nichts, aber auch gar nichts geändert! Oder? Wenn ja, was hat sich denn geändert? Die Brutalitäten und die Ungerechtigkeiten haben doch noch zugenommen! Die Fragen werden auch durch die ermutigenden Formulierungen Gottes im Text nicht verstummen.

Assoziationen zum Text

In einer Art Spiel schreiben die Teilnehmerinnen auf der einen Seite auf, was ihnen nach dem Lesen des Textes im Gedächtnis geblieben ist, auf die rechte Seite setzen sie, was ihnen spontan dazu einfällt. Dabei kann man versuchen, mehr oder minder zutreffende Parallelen herzustellen, wie das im Folgenden versucht wurde. Hier eine Zusammenstellung einiger Antworten, die binnen 5 Minuten spontan aufgeschrieben wurden:

Es bleibt haften (aus dem Text)	Dabei fällt mir ein
Das geknickte Rohr, der glimmende Docht werden nicht zerstört	Hoffnung trotz Hoffnungslosigkeit: Individuelle und politische Sichtweise hängen zusammen, wenn es um Bedrohung des Lebens geht
Das Dunkel erhellen	Konziliarer Prozeß für Frieden, Gerechtigkeit und Bewahrung der Schöpfung
Das Recht hinaustragen	*Amnesty international* als Aktualisierung des »Knechtes«. Recht kann man nicht durch neuen Rechtsbruch schaffen
Gefangene herausführen	Die Grenzen nicht dichtmachen, Bedrohte nicht abschieben

Den Armen beistehen	Unrecht gegen Ausländer nicht zulassen. Nicht auf Kosten der armen Welt immer reicher werden bzw. den eigenen Wohlstand halten. Antirassismusprogramm des Ökumenischen Rates (in diesen Tagen haben sich Südafrikas Kirchen dafür ausdrücklich bedankt)
Recht und Neubelebung des Menschengeschlechts	Der Trick mit der neuen Weltordnung, die nur neuen Unfrieden schafft (vgl. Golfkrieg, Bosnien) Können die Verhandlungen zwischen Israel und Palästina ein positives Beispiel sein?
Neubelebung = neue Schöpfung	Konziliarer Prozeß: Frieden, Gerechtigkeit und Bewahrung der Schöpfung = Schonend mit der Natur umgehen, an das Nachwachsen und das Regenerieren der Ressourcen denken (z. B. Sonnenenergie, Wald)

Gespräch mit Schülern, die einen Gottesdienst vorbereiteten

- Mir gefällt, daß einer das Recht konsequent durchsetzen will, aber schöne Augen reichen allein nicht, auch nicht eine schöne Seele!
- Ich sehe nicht, daß sich seit 2000 Jahren irgendetwas geändert hat.
- Ich wüßte nicht, wer sich um die Gebote kümmert, machen wir doch auch nicht immer, oder?
- Wenn man sieht, daß sich Gottes Recht nicht durchsetzt, kann man doch gleich darauf verzichten?
- Gilt also der Spruch, da hilft nur noch Gewalt?
- Begrenzte Gewalt ist notwendig, um Gerechtigkeit durchzusetzen, aber nicht so wie in den Räubern von Schiller, aber doch ein bißchen wie Robin Hood und ein bißchen wie Räuber Moor im Böhmerwald.
  Gegenfrage: Und wo bleibt die Bergpredigt? Wo bleiben die Friedensstifter und Sanftmütigen?

Zitat aus der Literatur: Die Räuber von Schiller (Zweiter Akt, dritte Szene, gegen Schluß kurz vor dem Auftritt des Paters)

In einem Akt vergeltender Gerechtigkeit haben die »Räuber« unter ihrem Hauptmann Karl Moor ein Exempel ausgleichender Gerechtigkeit statuiert und einen gefangenen Kameraden befreit. Allerdings hat es bei diesem Überfall in einer benachbarten Stadt durch ein Massaker viele Tote gegeben. Das bringt den um

Gerechtigkeit kämpfenden Hauptmann Moor in einen furchtbaren Gewissenskonflikt. Daran wird deutlich, daß der Kampf für Gerechtigkeit offensichtlich nicht alle Mittel heiligt. Es folgt hier das Zitat, das in dem realisierten Schulgottesdienst eine Rolle spielte:
»Wer kann der Flamme befehlen, daß sie nicht auch durch die gesegneten Saaten wüte, wenn sie das Genist der Hornisse zerstören soll? - O pfui, über den Kindermord! den Weibermord! - den Krankenmord! wie beugt mich diese Tat! Sie hat meine schönsten Werke vergiftet - Da steht der Knabe, schamrot und ausgehöhnt vor dem Auge des Himmels, der sich anmaßte mit Jupiters Keil(e) zu spielen, und Pygmäen niederwarf, da er Titanen zerschmettern sollte - geh, geh! (so sagt Moor zu einem Räuber mit dem sinnigen Namen Schufterle) du bist der Mann nicht, das Rachschwert des obern Tribunal zu regieren, du erlagst bei dem ersten Griff - hier entsag ich dem frechen Plan, gehe, mich in irgendeine Kluft der Erde zu verkriechen, wo der Tag vor meiner Schande zurücktritt« (aus: Gesammelte Werke, 2. Bd. Berlin/Weimar: Aufbau-Verlag 1967, S. 76).
Allerdings kann sich Moor durch die verhängnisvolle Zusammenhänge weiteren Kämpfen und Morden nicht entziehen, stellt sich aber schließlich der Justiz, um einem armen Tagelöhner das Kopfgeld zukommen zu lassen, das auf ihn gesetzt ist: »Ich erinnere mich, einen armen Schelm gesprochen zu haben, als ich herüberkam, der im Taglohn arbeitet und elf lebendige Kinder hat - Man hat tausend Louisdore geboten, wer den großen Räuber lebendig ausliefert - dem Manne kann geholfen werden« (aaO S. 155).

Ein Film: »Ehe sie ihn abschieben, würde ich ihn verstecken ...«

In dem Film »Benjamin muß bleiben« (ausgestrahlt in WDR 3 am 26. 01. 1994 in der Sendung »Gott und die Welt«) diskutieren Schüler einer Kölner Schule über und mit ausländischen Mitschülern. Diese sind bereits als Jugendliche von der Abschiebung bedroht, entweder weil sie vor Jahren ohne ihre Eltern als Kinder eingereist sind, oder weil sie nur bei einem Elternteil oder Verwandten leben, während die Eltern oder der andere Elternteil in dem Land leben, in das sie abgeschoben werden sollen (z. B. Iran oder Türkei). Die ausländischen Jugendlichen berichten von den Diskriminierungen bei der Ausländerbehörde und von der dramatischen Situation, die einem Mitschüler, nämlich Benjamin, bevorsteht: Die kurz oder etwas länger zu erwartende Abschiebung ins »Heimatland« ... Die Schüler haben Resolutionen und Protestbriefe verfaßt, und sie haben auch vor dem Landtag in Düsseldorf eine Demonstration veranstaltet u. a. mit dem Plakat »Benjamin muß bleiben!«.
Im Laufe der Diskussion sagt eine der Schülerinnen auf die Frage des Moderators, was sie tun würde, wenn Benjamin morgen abgeschoben würde: »Ich würde verhindern, daß er das Flugzeug besteigt. Ehe sie Benjamin holen, verstecke ich ihn im Keller.«

Anfragen eines im Jugendstrafvollzug Tätigen

Was heißt »Recht hinaustragen«, wenn unsere Jugendlichen im Knast noch nicht einmal eine rechte Chance zum Leben »draußen« bekommen, wenn sie auch nach der Verbüßung ihrer Haft als Vorbestrafte gelten, weil sie stigmatisiert sind und weil sie sich oft selbst als Schrott der Gesellschaft fühlen. Da will mancher nach der Verbüßung seiner Strafe es »denen« dann einmal richtig zeigen!

Diese Frage führte in einem Lehrerinnenkreis zu folgenden Überlegungen und ersten Ergebnissen:

1. Was ist ein Bewährungshelfer? Auskunft gibt das Duden-Lexikon: Nach Ermessen des Gerichts zur Überwachung eines zur Bewährung Verurteilten nach § 24 Abs. 1, Ziff. 6 StGB bestellte Person. Seit 1953 in der BRD Angestelltenberuf im öffentlichen Dienst.
Diese Definition stimmt mit der Wirklichkeit kaum überein, denn ein Bewährungshelfer soll dem Gestrauchelten Rückintegration in die Gesellschaft ermöglichen, aber kann er das wirklich?
2. Bewährungshelfer Gottes: Der Knecht Gottes ist der Bewährungshelfer für die ungerecht Bestraften, damit sie sich wieder im Leben zurecht finden können.
3. Die Notwendigkeit des Bewährungshelfers: Das Urteil ist gesprochen, und wir wissen, daß die Gesellschaft oft noch viel härtere Urteile fällt, so daß ein Vorbestrafter ein Ausgestoßener bleibt. Bei dem Knecht Gottes gilt dagegen V. 3.
4. Gott gibt Recht: Er sagt jedem, du bist mir recht. Er macht seine Bewährungsstrafe offenkundig. Die Menschlichkeit Jesu setzt den Bewährungshelfer in eine Reihe mit dem Stellvertreter. Der Schmerzensmann am Kreuz ist Symbol der Solidarität mit den Entrechteten und denen, die zu Kreuze kriechen mußten.
5. Selber zum Bewährungshelfer im Geiste Gottes werden. Das heißt: Alles daransetzen, daß der glimmende Docht nicht verlischt:
Gegen Ungerechtigkeit im eigenen Lande vorgehen, z.B. im Blick auf Behinderte, Alte, Ausländer, Flüchtlinge.
Gegen Ungerechtigkeit außerhalb des eigenen Landes vorgehen, z.B. gegen Hunger, Ausbeutung, Rückzahlung unerträglicher Schuldenlasten. Auch wir haben uns an ungerechten Strukturen mitschuldig gemacht als diejenigen, die an der Ausbeutung teilhaben (vgl. Gegenaktionen wie Transfair-Kaffee, Bananen- und Kokosnußprojekte).

Jesaja 42,1–9 im Horizont eines Buches gelesen, das zur Erneuerung in uns selbst, im Christsein und in der Kirche aufruft.

Wer vorwärts geht, muß Risiken eingehen: »Wenn Kirche auferstehen will, muß sie sich zunächst riskieren. Dann ist kein Platz mehr für eine Theologie der Halbherzigkeit, die Herrschaft, Staatsformen und Konsumgötzen direkt oder indirekt rechtfertigt und sich zahnlos in einer Ökonomie des Unrechts einrichtet. Zu laut sind die Schreie der Opfer. Die Vollmacht, die wir von Jesus bekommen haben, zielt auf Befreiung, auf Ketten-Sprengen, Hoffnung-Anbieten, Trost-Spenden. Kirchlichkeit wird zum Zeugnis-Leben, zur ganzheitlichen Lebenspraxis. Die ungeheuren Destruktivenergien, die in den vergangenen Generationen freigesetzt worden sind, weisen auf Kraftpotentiale, die an sich zur Verfügung stehen, um sich dem Göttlichen zuzuwenden« (aaO S. 50).

Trennwände durchbrechen: »Der Weg zur Einheit führt über die Überwindung der Kontroverstheologie hin zur Integrationstheologie, die sich allein auf den Boden des Evangeliums stellt. Die wiederzufindenden Gemeinsamkeiten im Vorzeichen der existentiellen Bedrohung von Leben und Schöpfung machen das Abgrenzende und Scheidende unerheblich. Theologie aber ist nichts ohne *gelebtes* Selbstverständnis, das durch Leben interpretatorische Trennwände gegenstandslos macht. Erst als Leben wird die Einheit des Christentums sichtbar. Leben als beispielhaftes Tun steht in der Anforderung, trennende Traditionen hinter sich zu lassen - durch nicht verletzende, bescheidene, aber auch bestimmte Mißachtung von Berührungsängsten und Tabus« (aaO S. 53).

Kleine Schritte wagen: »Standhaftigkeit als Widerstehen stellt keinen Widerspruch zum Konzept der kleinen Schritte dar. Im Gegenteil. In den kleinen Schritten des alltäglichen Lebens zeigt sich, ob die Handlungen in der Welt von allen Konsequenzen her bedacht sind. Die kleinen Schritte sind es, die mir immer wieder meine Selbstachtung zurückgeben können. Die kleinen Schritte im Alltag sind es, die grundlegende Umkehr sichtbar machen können. Die kleinen Schritte schließlich sind es, die das Heraushalten aus dem Leben verhindern. Sie gehen auch Umwege mit, wenn ein direktes Zusteuern auf das große Ziel das Selbst überfordern würde. Entscheidend für die kleinen Schritte ist, sie zu tun und mit jedem einzelnen das Ganze, um das es geht, zu berühren« (aaO S. 29).

Hinwendung zur Schöpfungsganzheit: »Die Hinwendung zur Natur und der Schöpfungsganzheit verbindet zwei religiöse Stränge und Traditionen. Denn es nimmt die Naturreligion, die schöpfungsbezogene und sich in ihr erschöpfende, mit hinein in die christliche Religion, in die Sehnsucht nach Befreiung, nach Auferstehung, nach dem ewigen und absoluten Usprung. Das aber fordert neue Antworten, auch was die Ausformung und die Inhalte des religiösen Kultes betrifft; Antworten, die sich jede Gemeinschaft in eigener Weise geben muß. Als Pate für diese Antworten steht Franziskus im Hintergrund« (aaO S. 131).

(Claus Eurich: Aufruf zu einem neuen Orden. Gemeinsam für die Schöpfung - gegen Ohnmacht und Resignation. Stuttgart: Kreuz 1993, 189 S.)

Zum Gottesdienst

Friedrich Holze

Exegetisch-homiletische Skizze

Die Sonntage nach Epiphanias beleuchten aus unterschiedlicher Sicht die Erscheinung Jesu. Unser heutiger Predigttext, das erste der bekannten »Gottesknechtslieder« des Deuterojesaja, wurde bei der Revision der Perikopenreihe im Jahre 1977 aus seiner ursprünglichen Beheimatung in der Passionszeit an den Beginn der Epiphaniaszeit verpflanzt. Ob das seiner Auslegung zugute kommt, wird die Zukunft zeigen. Die entscheidende Brücke zum Verständnis dieses prophetischen Textes ist jedenfalls nicht mehr die Leidensgeschichte Jesu, in der sich - in typologischer Entsprechung - das Schicksal des »Gottesknechtes« widerspiegelt, sondern die alttestamentliche Gestalt des Gottesknechtes wird mit der Erscheinung Jesu *identifiziert.* Diese nicht unproblematische Tendenz, Jesu als *die* Verkörperung des »Gottesknechtes« zu sehen, beginnt schon im Neuen Testament. In Matthäus 12,18 ff. legt der Evangelist die Worte des Gottesknechtsliedes Jesus selbst in den Mund. Doch damit nicht genug. Als »Stimme vom Himmel« identifiziert *Gott* den im Jordan Getauften als den »Gottesknecht« der alttestamentlichen Prophetie, indem er ihn (fast gleichlautend mit Jes 42,1) anredet: »Mein lieber Sohn, an dem ich Wohlgefallen habe« (Matth 3,17). Wenn nun das Gottesknechtslied Jes 42,1 ff. als Predigttext einem Sonntag zugeordnet wird, an dem als Evangelium die Taufe Jesu Matth 3,13 ff. gelesen wird, dann wird die frühchristliche Überzeugung, in der Person Jesu *die* Verkörperung des Gottesknechtes zu sehen, bewußt wieder hörbar gemacht, betont und unterstrichen.

Doch: ist dieser theologische »Kurzschluß« sachgemäß? Läßt sich die historische Distanz, die zwischen dem Propheten des babylonischen Exils und der Zeit Jesu liegt, so leichtfüßig überbrücken? Ja, muß sich jüdische Schriftauslegung an dieser Stelle nicht zu Recht von christlichem Interpretationseifer überrollt und vereinnahmt fühlen? Mag die Gleichung: Jesus = Gottesknecht auch etwas bestechendes haben, so bedeutet sie doch eine Einengung. Denn die eher verhüllende als klare Rede Deuterojesajas vom »Gottesknecht« läßt einen weiten Spielraum von Deutungen zu. Hat er eine bestimmte geschichtliche Gestalt im Blick (z. B. Mose, Elia, den messianischen König aus dem Hause Davids, den Perserkönig Kyros oder gar sich selbst)? oder hat er ein Kollektiv vor Augen (z. B. die Gerechten Israels, das Volk Israel insgesamt oder ganz allgemein Menschen, die das Wagnis eingehen, Gottes Gerechtigkeit mit ihrem Leben zu bezeugen)? Besteht nicht die großartige Leistung des Dichters der Gottesknechtlieder darin, daß er die möglichen individuellen Züge eines »Gerechten Gottes« zu einem überzeitlichen Bild verschmolzen hat, in dem *alle* »Gerechten«, seien es Einzelne oder Gruppen, ihre zutiefst widersprüchlichen Erfahrungen gespiegelt und gedeutet sehen können? Erfahrungen wie: Ablehnung, Widerspruch und Leiden, aber auch: Ergriffensein, Gehalten-Werden und Bewahrung? Sicher gehört die Person Jesu in diese »Wolke der Zeugen« für Gottes Gerechtigkeit mit hinein. Durch ihn gewinnt das prophetische Bild des »Gottesknechtes« eine neue Leuchtkraft. Doch ist es damit nicht abgegolten oder »erfüllt«. Denn es birgt als eine überschießende Hoffnung in sich, daß Gottes schöpferischer Geist sich jederzeit und allenorts einen neuen »Gottesknecht« erwählen kann. Damit bleibt das Bild des »Gottesknechtes« offen für die Zukunft – für neue Spielräume und Suchbewegungen im Engagement für »geknickte Rohre« und »verglimmende Dochte«.

Mit Recht wird von einigen Auslegern darauf hingewiesen, daß sich in den »Gottesknechtliedern« des Deuterojesaja eine *Wende* in der Prophetie ankündigt. Hatten die vorexilischen Propheten Israels den Weg ihres Volkes mahnend und anklagend begleitet, so wandelt sich im Exil die Aufgabe des Propheten vom Mahner zum *Tröster,* dessen Worte verbinden sollen – aufrichten, zusammenhalten, zu neuer Selbstfindung und Lebensbejahung ermutigen. Das »stillere Weiden einer zusammengeschrumpften Herde« (H.-P. Müller), das die exilische Prophetie kennzeichnet, mag dem Bedürfnis derer, die heute vor sich leerenden Kirchenbänken zu predigen haben, entgegenkommen in dem Bemühen, die kleiner gewordene Schar der Gottesdienstbesucher seelsorgerlich zu stärken und die beunruhigende Wirklichkeit außerhalb der Kirchenmauern auszublenden. Doch die prophetische Rede vom »Gottesknecht« beinhaltet nicht den quietistischen Rückzug aus der Realität. Sie ruft mitten hinein in eine Gesellschaft, in der das Recht des Stärkeren gilt, und fordert unseren Einsatz für alle, die unter die Räder einer gefühllosen Mehrheit zu geraten drohen. Dies muß nicht marktschreierisch geschehen, kann bewußt sich in

der Stille vollziehen (V. 2), also *unter* der Oberfläche einer lauten Offentlichkeit, aber darum vielleicht um so wirksamer. Doch letztlich gilt es, das Recht Gottes »*hinaus* zu tragen (V. 3) – den Exodus zu wagen aus den (Kirchen-)Mauern im Namen einer Liebe, die Augen öffnet, aus Gefangenschaft befreit, aus Finsternis herausführt (V. 7) und damit »zum Licht der Heiden« (V. 6) wird.
Bleibt die Frage nach der Macht oder Ohnmacht des »Gottesknechtes«. Hat der Typus des »Gottesknechtes« als »Anti-Held« (R. Gradwohl), überhaupt eine Chance bei der Überwindung der tief verwurzelten Macht- und Unrechtstrukturen in unserer Welt? Lohnt es sich, sich mit ihm zu identifizieren? »Er wird nicht verlöschen und nicht zerbrechen (V. 4) – ich halte ihn (V. 1)«: auf dieser Zusage, mit der Gott *selbst* sein ganzes Gewicht in die Waagschale der Geschichte wirft, ruht alle Hoffnung. Gott: gewogen – und zu leicht befunden? Was dagegen steht: elementare Erfahrungen von Gehalten-Sein, von Befreiung aus Kerkern oder aus Fesselungen der Seele, von geknickten Rohren, die nicht zerbrachen (wie die Gestalt Jesu), von glimmenden Dochten, die nicht verlöschten (wie das jüdische Volk selbst) – auch wenn dies für den zweifelnden »Realisten« den Stachel der Theodizeefrage nicht lösen wird. Aber wird über Macht und Ohnmacht der Liebe je endgültig zu befinden sein?

Vorschläge zur Liturgie

Sündenbekenntnis
Gott, unser Vater,
wir hören die Botschaft vom Frieden und Heil für alle Völker,
wir hören die Verheißung vom Licht,
das sich durchsetzen wird trotz aller Finsternis dieser Welt.
Vor Augen haben wir aber unsere Unversöhnlichkeit und Rechthaberei,
unsere Hilflosigkeit gegenüber dem, was uns ängstigt und bedrückt.
darum bitten wir zu dir:
Herr, erbarme dich!
Kyrie
(gesungen)

Einladung zum Gloria – Gnadenwort
(gesprochen)
Wer wir auch sind –
Gott läßt sich mit uns ein.
Sein Licht will die Dunkelheit vertreiben,
die es unter uns gibt.
Uns ist verheißen:
»Die der Geist Gottes treibt,
die sind Gottes Kinder.«
(Wochenspruch Röm 8,14)
Auf diese Verheißung antworten wir als Gemeinde mit dem *Gloria* (nach der Melodie EKG 37 = EG 36 »Fröhlich soll mein Herze springen«).

Vater, Sohn und Geist, wir bringen
dir die Ehr; mehr und mehr
soll dein Lob erklingen.
Hilf uns, fest auf dich zu trauen,
unser Heil, Gut und Teil,
bis wir einst dich schauen.
(Theodor Werner 1956)

Kollektengebet
Gott, du offenbarst deine Herrlichkeit und Majestät
in der Niedrigkeit deines Sohnes,
im Leben eines Menschen wie wir.
Laß uns erkennen,
daß du uns in ihm deine ganze Liebe zuwendest,
und daß du in ihm allen Menschen nahe bist.
Hilf, daß wir deine Liebe ausbreiten
und Lichter der Hoffnung anzünden. Amen.

Lesungen
Präfamen zur Epistel Römer 12,1–3 (4–8):
Wie oft hören wir das: der Gottesdienst – ein altes, abgedroschenes Ritual. Immer das Gleiche. Doch Paulus sieht das anders. Gottesdienst – das bedeutet für ihn: Gott stellt uns in seinen Dienst. Hier und jetzt. Lebendig und wach sollen wir sein für das, was heute zu tun ist.
Präfamen zum Evangelium Matthäus 3, 13–17:
Mit der Taufe im Jordan stellt Gott auch Jesus in seinen Dienst. Einen schweren Weg wird Jesus gehen, wenn er für Gottes Gerechtigkeit in unserer Welt eintritt. Doch Gottes Zutrauen hält und trägt ihn über alle Abgründe hinweg

Fürbittengebet
Gott, unser Vater,
in Jesus Christus erscheint deine Liebe zu uns.
Sie gilt allen Menschen.
Wir bitten dich,
gieße deine Liebe in unsre Herzen,
daß wir durch sie verwandelt werden,
daß wir uns selbst annehmen können
und darum auch unsere Mitmenschen.
Mache uns bereit zur Vergebung und Versöhnung,
die Grenzen überwindet.

Wir bitten dich für alle,
die fasziniert sind von den Versprechungen der Macht,
daß sie sich nicht verführen lassen.

Wir bitten dich für alle,
die durch Vorurteile und Schwarzmalerei verhärtet sind,
daß ihre Herzen von deiner Liebe aufgetaut
und zu neuer Hoffnung ermutigt werden.

Wir bitten dich für die Einflußreichen und Mächtigen,
daß sie von deiner Ohnmacht lernen,
und für die Ohnmächtigen,
daß sie deine Macht erfahren.

Schenke uns deinen Geist,
den Geist deiner Liebe,
daß wir im Blick auf dich unser Leben neu entdecken.

Mit deinen Worten beten wir zu Gott,
aus dem die Liebe ist:
Vaterunser im Himmel ...

Lieder
als Eingangslied EG 73,1–6 »Auf, Seele, auf und säume nicht«
nach der Epistel EG 390.1–3 »Erneure mich, o ewigs Licht«
nach dem Evangelium EG 67.1–3 »Herr Christ, der einig Gotts Sohn«
nach der Predigt EG 40.1+3+5 »Dies ist die Nacht, da mir erschienen«

Alternative nach der Predigt
nach der Melodie EKG 293 = EG 396 (»Jesu meine Freude«)

1. Jesu, meine Freude,
   meines Herzens Weide,
   Jesu wahrer Gott.
   Wer will dich schon hören?
   Deine Worte stören
   den gewohnten Trott.
   Du gefährdest Sicherheit.
   Du bist Sand im Weltgetriebe.
   Du mit deiner Liebe.

2. Du warst eingemauert.
   Du hast überdauert
   Lager, Bann und Haft.
   Bist nicht tot zu kriegen.
   Niemand kann besiegen
   deiner Liebe Kraft.
   Wer dich foltert und erschlägt,
   hofft auf deinen Tod vergebens.
   Samenkorn des Lebens.

3. Jesu, Freund der Armen.
groß ist dein Erbarmen
mit der kranken Welt.
Herrscher gehen unter.
Träumer werden munter,
die dein Wort erhält.
Und wenn ich ganz unten bin,
weiß ich dich an meiner Seite.
Jesu, meine Freude.

(Gerhard Schöne, Quelle: CD »Ich bin ein Gast auf Erden«, Buschfunkproduktion, Rodenbergstr. 8, 10439 Berlin)

Vorschlag zur Predigt

Ein besonderer weihnachtlicher Glanz liegt über den Sonntagen der Epiphaniaszeit. Mit dem Licht der Hoffnung, das zu Weihnachten aufgestrahlt ist über der Geburt des Kindes im Stall von Bethlehem, wird an den kommenden Sonntagen, mitten im Alltag nach Weihnachten, die Person Jesu ausgeleuchtet: wie ein kostbarer Stein, der – im Licht gedreht – auf vielfältige Weise zu funkeln beginnt. Licht-Blicke, Licht-Blitze also sind zu erwarten, Bilder, die wie Lichtfunken hineinfallen in unser Leben, das bereits wieder begonnen hat, sich in das Gewand des Alltäglichen zu kleiden. Und wenn wir bereit sind, hinzuhören und hinzusehen, mag sein, daß wir dann entdecken, wie wir berührt werden, angerührt, gewandelt durch die Spiegelungen des Lichtes, die – von den unterschiedlichen Seiten der Erscheinung Jesu zurückgeworfen – auch unser Leben beleuchten und das eine oder andere unvermutet in einem neuen Licht erscheinen lassen.

Von einem großartigen Bild der Hoffnung ist heute zu reden und von dem Licht, das es zu werfen vermag bis in unsere Gegenwart hinein. Auf geheimnisvolle Weise ist es verknüpft mit dem, der Weihnachten geboren wurde. Es ist, als bekäme seine Erscheinung durch das alte prophetische Bild eine neue Leuchtkraft. Hören wir den Predigttext des heutigen Sonntags, der uns zurückführt in eine der dunkelsten Zeiten des jüdischen Volkes: ins babylonische Exil – ein halbes Jahrtausend vor der Geburt Jesu in Bethlehem. Heimatlos sind die Deportierten, entrechtet und abgeschnitten von ihren religiösen Wurzeln. Hoffnungen flackern nur noch wie der verglimmende Docht einer Kerze. Geduckt unter der Knute der neuen politischen Machthaber scheint vielen ihr Rückgrat gebrochen wie ein geknicktes Schilfrohr. Ist das gerecht? Wo bleibt da Gott? Müßte er, der große Gerechte, nicht handeln und eingreifen? Aber wie – und durch wen? Da erhebt ein Prophet seine Stimme …

(Verlesung des Predigttextes Jesaja 42)

Ob es Ihnen ähnlich geht wie mir? In den Sätzen, die wir eben gehört haben, fühle ich mich am stärksten angerührt durch die Bilder vom »geknickten Rohr« und vom »glimmenden Docht«: Leben, das von Auslöschung bedroht ist, schon abgeknickt, am Boden liegend, hilflos preisgegeben dem, der es mutwillig oder achtlos zertritt. »Halt«, möchte ich rufen, »Vorsicht! Dieses verletzliche Leben! Das schreit nach Behutsamkeit, nach einer zärtlichen und beschützenden Hand, die das flackernde Licht vor dem scharfen Zugwind abschirmt, die den schweren Stiefel von dem zur Erde Geknickten abwehrt. Das verlangt nach Worten, die ermutigen, verbinden, aufrichten, trösten.« Und ich spüre dabei das Verletzbare meines eigenen Lebens, meine eigene Zerbrechlichkeit. Wie schnell kann auch ich unter die Räder kommen und dann auf Zuwendung anderer angewiesen sein. So möchte ich ganz unwillkürlich hinspringen, wo Leben bedroht ist, mich schützend an seine Seite stellen.
Doch dann, ebenso unvermittelt, sind ganz andere Bilder da, die meinen spontanen Impuls lähmen. Ist nicht unsere Welt beherrscht von Bildern, wo Leben mit Füßen getreten, unter Soldatenstiefeln zertreten, in ideologischen Wortmühlen zermahlen und der Erhaltung von Macht geopfert wird? Scheint es nicht geradezu ein Naturgesetz zu sein: das Recht des Stärkeren, der sich auf der Lebensleiter nach oben boxt und zugleich nach unten tritt? Welchen Sinn könnte es haben, sich dieser Realität in den Weg zu werfen? Nur um am Ende ebenfalls überrollt zu werden und zu den Opfern zu gehören, die auf der Strecke bleiben?
(An dieser Stelle ist es möglich und sinnvoll, die Anregung der »Annäherungen« zum Text aufzugreifen und/oder weitere Ohnmachtserfahrungen aus der eigenen aktuellen Situation zu benennen.)
Gegen alle diese Bilder von Ohnmacht, die uns lähmen, setzt der Prophet des Exils in Babylon ein Bild der Hoffnung, das ihn aus der seelischen Erstarrung befreit. Er hebt nicht ab ins weltfremde Träumen oder ins utopische Schwärmen. Nein, ganz konkret sein eigenes Leben – dieses gedemütigte, entwurzelte, geknickte und vom Auslöschen bedrohte Leben – wird ihm zum Bild der Hoffnung, daß Gott schon längst zu handeln begonnen hat. An ihn und mit ihm selbst! Gott schweigt nicht. Still und unwiderstehlich zugleich ist er in den Raum des eigenen Herzen eingetreten, um von hier aus den Lebensraum der Welt zu verwandeln.

Zum weiteren Verlauf
Im Zentrum der Predigt möchte ich der Frage nachgehen: Wie ist es möglich, angesichts einer bitteren Wirklichkeit über das Gefühl eigener Ohnmacht hinauszuwachsen? Wo und wie entdecke ich Kräfte in mir, die an dieser Wirklichkeit etwas zu verändern vermögen – dort, wo sie mich berührt? Ich möchte anleiten zu einer »Entdeckungsreise nach innen«, die sich orientiert an den Erfahrungsbildern, die das »Gottesknechtslied« des Deuterojesaja vorgibt.

1. Das Zutrauen Gottes und das Zutrauen in mich selbst.
Schon als Kind darf ich die Entdeckung machen: Wo mir etwas zugetraut wird, da löst sich in mir das Gefühl von Ohnmacht und Lähmung. Ist es nicht, als spreche in der Stimme, die zu dem Propheten Deuterojesaja spricht, Gott auch zu *mir?* »Du! Ich traue dir etwas zu – so, wie du bist. Ich habe Wohlgefallen an dir, auch wenn du dir klein und unbedeutend vorkommst. Ja, ich schenke dir Anteil an meiner Kraft, wenn du es wagst, dich in meinen Dienst zu stellen. Ich halte dich. Keine Angst: du gehst nicht unter. Meine Augen ruhen auf dir. Spürst du, wie das deinen Geist frei und deinen Gang aufrecht macht?« Ein »Gottes-Knecht«: das ist kein Gottes-Sklave; das ist ein Gottes-Partner. Das Zutrauen Gottes kann die bleierne Lähmung in mir überwinden. Sie kann seelische Erstarrung auflockern, geistige Kräfte anregen, aus körperlicher Müdigkeit aufwecken – erste Schritte auf dem Boden eines neuen Zutrauens in mich selbst.

2. Die Kraft der Hoffnung als Kraft aus der Stille.
Hoffnungskräfte, Suchbewegungen aus der Ohnmacht heraus wachsen in der Stille. Nichts verbraucht sich schneller als das marktschreierische Engagement, das unsere Medienöffentlichkeit heute kurzatmig und hektisch in Szene setzt. Immer schnellebiger werden die Bilder privater und weltweiter Not, überlagern sich, heben sich gegenseitig auf, erzeugen Gefühle von bedrückender Unabänderlichkeit und dunkler Schicksalhaftigkeit. Ein »Netzwerk der Liebe« aber, geleitet von Bildern der Hoffnung und eingewurzelt in den Herzen, kann nicht wachsen unter einem Leistungsdruck, wie ihn die rasch wechselnden Bilder der Not öffentlich erzeugen. Eine »Inkubationszeit« ist nötig, in der sich das Zutrauen in die eigenen Kräfte festigt und in Stille die ersten Schritte gewagt werden auf dem anfänglich unsicher und schwankend erscheinenden Terrain einer neuen Behutsamkeit.

3. Die Leuchtspur der Liebe als lebendige Leuchtspur Gottes.
Das Wagnis der Liebe im Kleinen verändert meine Wahrnehmung der Welt. Ich entdecke, wo Menschen mit mir und neben mir auf dem gleichen Weg sind: still, beharrlich, oft unbemerkt und übersehen, vielleicht auch belächelt oder angefeindet. Mein Blick weitet sich. Aus der dunklen Kulisse der Weltgeschichte treten immer neue Gestalten hervor, in denen das Wagnis der Liebe ein menschliches Gesicht annimmt und zu einem Bild der Hoffnung wird. Auch Jesus gehört in diese lebendige Reihe von Zeugen hinein, die – den zutrauenden Blick Gottes auf sich spürend – ein Zeichen gesetzt haben in die verwandelnde Kraft der Liebe und ihre Unzerstörbarkeit. Der Mut der »Gottesknechte« und »Gottesmägde« zum Wagnis der Liebe gegen die kalte und schneidende Aggressivität unserer Welt (hier ließen sich weitere Beispiele aus den »Annäherungen« erzählen) ermutigt bis heute, ermutigt auch mich …

Möglicher Predigtschluß

Daß ich ergriffen bin, daß ich in mir eine Stimme vernehme, die sagt: »*Du!* Du bist es! Auf dir ruht mein Blick!« Dies schon bedeutet: Gott hat etwas in Bewegung gebracht. Tief in meinem Herzen ist der Stein bereits ins Rollen gekommen. Ich ahne und spüre: Es gibt Hoffnung. Das mir oft übermächtig scheinende Recht des Stärkeren läßt sich durchbrechen. Denn ganz innen, im Innersten der Welt, schlägt ein Herz, in dem alle Herzschläge der Liebe weiterklingen und als lebendige Impulse erneut hineinwirken in menschliche Herzen, um dem Gottesrecht auf Liebe unter uns Raum zu schaffen. »Ehe es wächst, so lasse ich euch es erlauschen« – so hat die Dichterin Nelly Sachs die Botschaft jenes Propheten aus dem fernen Babylon zusammengefaßt, dessen Stimme heute unser Ohr erreicht. »Weil er etwas hörte – aus dem Staube heraus tat er den Sprung und sättigte sein Ohr. Preßt an die Erde das lauschende Ohr, und ihr werdet hören, wie im Tode das Leben beginnt.«

Kontexte

Nelly Sachs
In den Wohnungen des Todes

Ehe es wächst, lasse ich euch es erlauschen.
(Jesaja)

Lange haben wir das Lauschen verlernt!
Hatte Er uns gepflanzt einst zu lauschen
Wie Dünengras gepflanzt, am ewigen Meer.
Wollten wir wachsen auf feisten Triften,
Wie Salat im Hausgarten stehn.
Wenn wir auch Geschäfte haben,
Die weit fort führen
von Seinem Licht,
Wenn wir auch das Wasser aus Röhren trinken,
Und es erst strebend naht
Unserem ewig dürstenden Mund –
Wenn wir auch auf einer Straße schreiten,
Darunter die Erde zum Schweigen gebracht wurde
Von einem Pflaster,
Verkaufen dürfen wir nicht unser Ohr,
O, nicht unser Ohr dürfen wir verkaufen.
Auch auf dem Markte,
Im Errechnen des Staubes,
Tat manch einer schnell einen Sprung
Auf der Sehnsucht Seil,
Weil er etwas hörte,
Aus dem Staube heraus tat er den Sprung

Und sättigte sein Ohr.
preßt, o preßt an der Zerstörung Tag
An die Erde das lauschende Ohr,
Und ihr werdet hören, durch den Schlaf hindurch
Werdet ihr hören
Wie im Tode
Das Leben beginnt.
(Nelly Sachs, Fahrt ins Staublose. © Suhrkamp Verlag Frankfurt am Main 1961)

Reinhold Schneider
Das ist das Unerhörte, das völlig neue, daß einer kommen wird, der das zerknickte Rohr nicht zerbricht: der das tut, wird, wie der Prophet fortfährt, das »Recht zum Siege bringen«. Die Welt war es gewohnt, daß das geknickte Rohr gebrochen, die Armen und Schwachen zertreten wurden: das war die Weise derer, die für stark und mächtig galten, der Herren dieser Welt. Einer aber wird sich der Verletzten und Hilflosen annehmen, und dieser eine ist der eigentliche König, der das Recht errichten wird und Gottes Ruhm ausbreitet über die Erde; er ist viel stärker als die Mächtigen, die ihre Herrschaft ausübten über Schwache. Denn der am stärksten ist, kann auch am barmherzigsten sein; es bedarf der Macht nicht, die sich vom Gute der Schwachen nährt; er lebt nicht, wie die Gewalthaber, in immerwährender Angst um Vermehrung seiner Macht in dem ruhelosen Streben, diese Macht zu sichern und zu stützen: das Fundament zu stärken, das noch nicht tragen will. Alle Macht ist sein, so war es am Anfang, so wird es bleiben.
(aus: Allein der Wahrheit Stimme will ich sein (1943) S. 12 f.)

2. Sonntag nach Epiphanias

Annäherungen an den Predigttext Hebräer 12,12-18 (19-21) 22-25 a

Helga Trösken

Der Kreis, in dem ich den Bibeltext gesprochen habe, setzt sich zusammen aus Frauen und Männern, die alle in einer Kirchengemeinde ehrenamtlich mitarbeiten. Sie treffen sich in wechselnden Zusammensetzungen - der Kreis ist offen - z. T. in Privathäusern gleichsam als Hauskreis oder auch in einer Kirchengemeinde, um aktuelle politische, entwicklungspolitische und friedensethische Themen miteinander zu diskutieren. Daraus erwächst jeweils auch die Mitarbeit in Gottesdiensten, die thematisch bestimmt sind.
Inzwischen gehören zu dem Kreis auch die schon erwachsenen Kinder, die manchmal Freunde oder Freundinnen mitbringen. Seit einigen Jahren nutze ich das Interesse und die Kompetenz dieses Kreises, wenn ich Rundfunkansprachen oder größere Predigten vorbereite. Wir lesen die Bibeltexte jeweils gemeinsam und meditieren sie miteinander. Theologische Informationen oder Fachkenntnis von mir werden nur sehr wenig eingebracht. Das schlägt sich nun auch in den folgenden Ergebnissen der Diskussion nieder, die ich zusammengefaßt habe.
Auch nach drei Stunden Gespräch, Meditation und Austausch bleiben mehr Fragen als Antworten. Der Hebräerbrief als Ganzes erscheint schwer verständlich, wenn man von einigen Kernsätzen absieht, die als Sprüche für viele Gelegenheiten gebraucht werden.
1. Die Zerstückelung des Textes leuchtet nicht ein, die Abgrenzung auch nicht. Wir haben uns mit dem ganzen Kapitel 12 befaßt, auch wenn für die Predigt eine Beschränkung auf wenige Gedanken angezeigt ist. Manche Bilder und Zitate werden verständlicher im Zusammenhang.
2. Wir haben die Zitate aus der hebräischen Bibel alle nachgelesen und damit versucht, uns in die damaligen Adressaten und Adressatinnen des Textes zu versetzen, denen die Stichworte und Zitate sofort verständlich waren. Unsere Bibelkenntnis ist (leider) nicht so, daß wir damit sofort etwas anfangen können.
Deshalb sind
3. bei vielen Zitaten und ihrer Verwendung auch viele Fragen offengeblieben. Namen, Geschichten, Ereignisse, die zitiert werden, sind für uns erst

über den Umweg der Erklärung verständlich, nicht als selbstverständlicher Bestandteil für Identifikations- oder Interpretationsmuster.

4. Im einzelnen haben wir länger gesprochen über:

- die Bilder aus dem Umfeld des Sportes (V. 12–15)
  Die Verben im Imperativ (stärkt, macht sichere Schritte, jagt nach, seht darauf) ergeben ein Trainingsprogramm. Aber wenn jemand dann doch im entscheidenden Moment fällt bei der Eislaufkür, die Hürde verfehlt, den Absprung verpaßt ...?
  Viele von uns sind jahrelang engagiert in der Friedensbewegung und erleben uns jetzt als lahm angesichts des Mordens im früheren Jugoslawien. Es ist dasselbe Gefühl der Ohnmacht wie damals, als der Wald gerodet wurde für die Startbahn-18-West. Die Hüttenkirche – zum Gesundwerden??
- Esau und das Linsengericht. Fast alle erinnern wir uns an die Geschichte aus Kindertagen. Die Gefühle Esau gegenüber schwanken immer noch zwischen Schadenfreude und Mitleid. Und wenn er wirklich Hunger hatte? Geschichten dazu fallen uns ein, wozu Menschen fähig sind, wenn es ans Essen geht. Oder auch von heute aus gesehen: so sind Menschen, denen es um die kurzfristige Befriedigung von Bedürfnissen geht. Es muß keinesfalls späte Reue geben. Viele leben ganz gut damit, daß sie sich auf hier und heute und kurzfristige Ziele einstellen und die langfristigen aus dem Auge verlieren. Daß Esau sein Tun bedauert, daß er weint, kann heute kaum mehr erschüttern.
- Vers 15, episkopein (dieses Wort ist ungefähr in der Mitte des Gesprächs eingebracht). Die Aufgabe aller, der Gemeinde, nicht die Aufgabe einer Person! Wie gut, daß wir in einer nicht bischöflich verfaßten Kirche sind! Aber wie sieht das konkret aus: »Achtet fürsorglich aufeinander, daß nicht jemand Gottes Gnade versäume«?! Ist »die Gemeinde« darauf vorbereitet in unserer Struktur? Wer kann das? Muß man/frau dazu nicht besonders reif, qualifiziert, erfahren sein? Wir reden nicht über unseren Glauben, zumindest nicht im Alltag außerhalb des Hauses und der Kirche, dieses Kreises. Wir haben das episkopein nicht gelernt, so daß wir es uns nicht zutrauen, schon gar nicht allen in der Gemeinde.
- Die beiden Berge Sinai und Zion.
  Wir haben uns oft mit dem Verhältnis von Juden und Christen befaßt. Wir wollen das Neue Testament nicht antijudaistisch oder antisemitisch lesen. Wir wollen Israel nicht enteignen. Wir sehen in diesem Text die Gefahr, das Christen und Christinnen den »besseren Berg« gegen den Sinai setzen = Evangelium gegen Gesetz.
- Das Bild vom Himmlischen Jerusalem rührt Schichten in uns an, die nicht rational zu fassen sind. Merkwürdig ambivalent schwanken wir zwischen rationaler Kontrolle unserer Gedanken (man kann sich das Jenseits und die Zukunft nach dem Tod nicht vorstellen) und großem Vertrauen, daß Gott so etwas wie »Die Goldene Stadt« für uns vorhält ...

- Das Blut, das besser redet als Abels Blut (V. 24).
  Die meisten können mit den dogmatischen Formeln nicht viel anfangen. Informationen über den Kult (»Blut der Besprengung«) bringen auch keine größere Klarheit. Die Bedeutung Jesu möchten wir in heutigen Bildern und heutiger Sprache sagen und hören. Der »Mittler« als »Bruder«, als »Mitmensch«, als »Vorbild«, als »Anfänger und Vollender des Glaubens« …

5. Müdigkeit - Mutlosigkeit - Gottes Gnade - Bittere Wurzeln, die wachsen - Gottes Gnade versäumen
und dagegen:
Starke Hände - Sichere Schritte - Namen, die im Himmel geschrieben sind und Jesus, der zu uns redet; der Text gibt uns viele Gedanken zum Nachdenken, und auf diese Weise ermutigt er uns, »dran«zubleiben.

Zum Gottesdienst

Reiner Jansen

Exegetisch-homiletische Skizze

Ein schwieriger Text! Auch mir leuchtet die Abgrenzung nicht ein. Warum ist Hebräer 12,1-3 für den Palmsonntag vorgesehen und 12,12-15 für den 2. Sonntag nach Epiphanias? Wäre es nicht sinnvoller, beide zusammenzunehmen? Aber auch wenn wir den Text so nehmen, wie er vorgeschlagen ist, sehe ich ein doppeltes Problem:
(1) Die vielen Zitate und Anspielungen im Text machen es Leser und Hörerin nicht leicht, überhaupt dem Duktus des Textes zu folgen. Wenn die Predigt nicht zur exegetischen Vorlesung werden soll, wird sie kaum auf die biblische Argumentation im Einzelnen eingehen können. Sie wird manches nur antippen können, anderes ganz beiseite lassen müssen.
(2) Dazu kommt eine Fülle von schnell wechselnden Bildern und Metaphern:
- das wandernde Gottesvolk mit wankenden Knien
- der Friede, der durch die »bittere Wurzel« bedroht ist
- Esau, der sein Erstgeburtsrecht verkauft und so den Segen verscherzt und von Gott verworfen wird
- der Berg mit Feuer und Finsternis und einer Gotteserscheinung, die die Menschen in Angst und Schrecken versetzt
- der Berg Zion und die Stadt Gottes mit einer himmlischen Festversammlung
- das Blut Jesu, das besser redet als das Blut Abels.

Dazu kommen noch eine Reihe zentraler theologischer Begriffe: Friede, Heiligung, die Gnade Gottes (die zur Gottesschau führt), der Segen, die Umkehr (Buße), Gott als Richter und Jesus als Mittler des neuen Bundes.
Um nicht der Gefahr zu erliegen, zu allem etwas zu sagen (das könnte dann ein kleines dogmatisches Kompendium werden), suche ich ein Bild, in das sich die meisten Aussagen des Textes einigermaßen integrieren lassen. Ich gehe dabei vom wan-

dernden Gottesvolk aus. Als Leitfrage ergibt sich: Was sehen und erleben Christen auf ihrer Wanderung? Welche Wegweiser und Warntafeln helfen zu Orientierung? Was ist das Ziel? Und wodurch werden wir auf dem oft schier endlos scheinenden Weg ermutigt?

Als Predigtform schlage ich eine Art Wanderung durch den zunächst fremdartig anmutenden Text vor, eingeleitet durch eine Hinführung. Dabei kann der Text in zwei Teilen gelesen werden: V. 12–17 und dann V. 22–25a. Dann werden die Verse 18–21 und damit die Gegenüberstellung der beiden Berge mit ihren unterschiedlichen Gotteserfahrungen weggelassen. Ich sehe keine Möglichkeit, auf diesen Teil des Textes (kurz) in der Predigt einzugehen, ohne antijudaistische Klischees (über das »alte« und das »neue« Gottesvolk und die Aufhebung des alten Bundes durch den neuen) erneut zu bekräftigen.

Noch auf eine andere Schwierigkeit möchte ich hinweisen: Die Jakob-Esau-Geschichte hat in Vers 17 eine ganz andere Stoßrichtung bekommen als in der Erzählung in Genesis 27. Dort wird das »alte Privilegrecht des Erstgeburtssegens« gerade nicht »rigoros durchgeführt: Auch Esau erhält einen Segen; er wird ein hartes Leben haben, aber er soll leben.« (C. Westermann, Genesis, Bd. I/2, 1981, S. 541 f.) (Daß Gott Jakob erwählt, Esau hingegen *verworfen* habe, wird in Maleachi 1,2–5 gesagt. Der Prophet bezieht diese Auslegung dann allerdings auf die Völker Israel und Edom und nicht auf die Zwillinge.) Der Hebräerbrief nimmt offenbar eine den Hörern bzw. Lesern bekannte Tradition auf, nach der Esau verworfen wurde. Esau ist nun bereits zu einem negativen Zerrbild geworden, zum Inbegriff des Menschen, dem nichts mehr heilig ist und der darum auch die Maßstäbe des Sittlichen aufgegeben hat. – Unsere Hörer/innen kennen aber diese Tradition nicht, auf die der Hebräerbrief sich bezieht. Sie kennen allenfalls die Geschichte aus Genesis 27. Wenn nicht deutlich wird, daß es hier um eine andere Esau-Überlieferung geht: müssen sie nicht einen Zusammenhang sehen zwischen dem Verkauf des Erstgeburtsrechts gegen ein Linsengericht und der Verwerfung durch Gott? Ich jedenfalls möchte nicht über die Verwerfung Esaus predigen, weil ich fürchte, damit bei den Hörer/innen *unheil*volle Gedanken zu provozieren und aus den Aporien der doppelten Prädestination nicht herauszukommen. Andererseits scheint es mir wichtig, die zentrale Aussage des Hebräerbriefes, daß es vor Gott ein Zu-Spät gibt, daß wir zu Umkehr nicht immer noch (unbegrenzt) Zeit haben, nicht einfach zu unterschlagen. Ob das in meinem Predigtvorschlag genügend zur Geltung kommt?

Vorschläge zur Liturgie

Lieder

EG 351 »Ist Gott für mich, so trete«

EKG 447,1–3,6,7 »Lobet den Herren alle, die ihn ehren«

Von Gott kommt diese Kunde: mein Leben sei ein Fest (Kumbaya, Schweizer Jugendgesangbuch, Nr. 113)

Eingangsvotum

»Laßt uns festhalten am Bekenntnis zur Hoffnung. Denn der Gott, der uns die Verheißung gegeben hat, ist treu.« (Hebräer 10,13).

Wir beginnen diesen Gottesdienst im Namen des Gottes, der uns treu ist, der uns begleitet und stärkt auf unserem Weg, der seinem Volk Zuversicht und Hoffnung schenken will. Amen

Psalmgebet

Gott behütet uns und hilft uns;
vor wem sollten wir uns fürchten?
Gott gibt uns Kraft und Mut;
wovor sollten wir Angst haben?
Wenn etwas auf uns zukommt,
drohend und gefährlich,
dann verlieren wir nicht den Mut.
Wenn wir meinen, wir schaffen es nicht,
dann denken wir daran, daß Gott uns hilft.
Gott, sei du immer bei uns,
dann sind wir nicht allein.
Alle werden uns einmal verlassen,
auch Vater und Mutter,
aber bei dir sind wir immer zu Hause.
Zeige uns den Weg, den wir gehen sollen;
laß uns erkennen, was gut ist
für uns und andere,
damit wir alle uns am Leben freuen können.

(nach Psalm 27; aus: Fr.-K. Barth, G. Grenz, P. Horst (Hg.), Gottesdienst menschlich. Peter Hammer Verlag, Wuppertal, Gesamtausgabe 1990)

Vorschlag für die Predigt

Hinführung zum Text

Es gibt Bibeltexte, die sind manchen von uns sehr vertraut (wie etwa der 23. Psalm). Und es gibt andere Texte, die sind uns sehr fremd. Sie kommen uns vor wie aus einer anderen Welt. Wir brauchen viel Zeit und Geduld, um uns in sie hineinzuhören und hineinzudenken. Für mich - und vermutlich auch für die meisten von Ihnen - gehört der Hebräerbrief zu diesen schwierigen, weil fremden Texten. Worum geht es ihm? Wer spricht hier?

Der Hebräerbrief war wahrscheinlich usprünglich eine Predigt, die im ersten Jahrhundert gehalten und dann als Brief an eine oder mehrere Gemeinden verschickt wurde. Wenn ich in diesem Brief lese, dann muß ich zunächst einfach staunen, was da alles vorausgesetzt wird. Fast in jedem Satz wird auf Ereignisse aus dem Alten Testament angespielt. Immer wieder werden halbe oder ganze Sätze aus dem Alten Testament zitiert: Wörter und Sätze, die uns nicht ohne weiteres verständlich scheinen, weil wir den

Zusammenhang nicht kennen, aus dem sie stammen. Das ist beispielsweise bei der Geschichte von Esau der Fall, der im Hebräerbrief ganz anders gesehen wird als im ersten Buch Mose.
Da spricht einer, der ermahnt und tröstet die Christen seiner Zeit. Dabei läßt er seine Gedanken einfach wandern und so möchte ich Sie einladen, einfach einmal mitzukommen auf diese Wanderung und zu schauen, was wir dabei entdecken:
Hebräer 12,12–17 lesen

Möglicher Predigtanfang
»Darum stärkt die müden Hände und die wankenden Knie und schafft gerade Wege für eure Füße, damit das, was lahm ist, nicht auch noch strauchelt, sondern vielmehr gesund wird.«
Das klingt wie ein Trainingsprogramm für Menschen, die müde geworden sind und nicht mehr recht mögen. Freilich geht es dabei nicht um Wettkampf mit Einzelläufern nach dem Motto: »Wer zuerst durchs Ziel rennt, der bekommt die Goldmedaille«. Sondern es geht um Trainung für die ganze Mannschaft. Der Hebräerbrief sieht nämlich die Christen nicht als Einzelkämpfer, wo jeder nur sein eigenes Seelenheil sucht und findet. Er sieht sie als eine Gemeinschaft von Menschen, die *miteinander* unterwegs sind. Er sagt: Wir Christen sind das wandernde Gottesvolk. Und er erinnert uns dabei daran, wie das Volk Israel vierzig Jahre unterwegs war in der Wüste. Vierzig Jahre mit all ihren Schwierigkeiten, Krisen und Konflikten. Mit all den Ängsten: Kommen wir überhaupt jemals dorthin, wo wir hin wollen? In das Land der Verheißung? Kommen wir je ans Ziel? Oder bleiben wir unterwegs irgendwo auf der Strecke, weil wir einfach keine Kraft mehr haben?
Ich denke: Manche von uns haben auch schon solche Wegstrecken in ihrem Leben zurückgelegt, wo es unheimlich viel Geduld und Ausdauer braucht. Irgendwann kommt dann einmal der Punkt, wo man sich fragt: Schaffe ich das überhaupt noch? Soll ich nicht lieber aufgeben? Auf mich kommt es nicht an. Ich kann ja doch nichts ändern. Und dazu kommt dann vielleicht das ehrliche Eingeständnis: Ich bin müde. Ich mag nicht mehr. Meine Hände haben keine Kraft mehr, etwas anzupacken. Meine Knie wanken. Und meine Füße stolpern. Und mein Glaube kommt mir vor wie ein kleiner Funke, von dem ich nicht weiß, ob er nicht bald ganz verlischt ...
Was tun wir in einem solchen Fall? Geben wir einfach einen Marschbefehl aus: weitermachen, keine Müdigkeit zeigen, vorwärts marsch!? Oder wie reagieren wir? Es gibt ja Menschen, die mit Härte gegen sich selbst alle ihre Gefühle der Schwäche und der Ohnmacht unterdrücken oder überspielen ...

Zum weiteren Verlauf
Unser Brief schlägt eine andere Behandlung vor: pflegt und stärkt die müden Hände und die wankenden Knie. Laßt, auch wenn ihr einmal müde

werdet, den Mut nicht vollends sinken, sondern ermutigt und stärkt euch gegenseitig. Legt euch nicht noch gegenseitig Stolpersteine in den Weg. Sondern achtet darauf, daß alle mitkommen können. Es kommt nicht darauf an, wer als erster durchs Ziel schießt. Sondern es ist wichtig, daß ihr gemeinsam zum Ziel kommt.

- Es ist ein eigenartiges Bild, das hier gezeichnet wird: die Christen als das wandernde Gottesvolk – nicht eine straff organisierte und disziplinierte Armee – sondern eine Gruppe mit wankenden Knien und mancher Fuß scheint schon fast lahm zu sein. Das wandernde Gottesvolk mit wankenden Knien und Lähmungserscheinungen! Und wir können uns jetzt fragen: erkennen wir in diesem Bild nicht auch unsere Kirche, in der auch manches lahm und träge geworden ist? Wo sind unsere schlaffen Hände und wankenden Knie? Wo brauchen wir gegenseitige Stärkung und Pflege? Wie kann es weitergehen?
- Der Hebräerbrief gibt ein paar Anstöße. Es sind Wegweiser und zugleich auch Warntafeln: Auf dem ersten Wegweiser steht: »Bemüht euch um Frieden mit jedermann und um Heiligung, ohne die niemand den Herrn sehen wird.«
- Der echte *Friede* muß immer wieder gesucht werden: im persönlichen Bereich, in der Familie, am Arbeitsplatz, zwischen jung und alt, in der Gemeinde und in der Politik (vgl. das Zitat von Calvin in den »Kontexten«).
- Die *Heiligung*. Heilig sein heißt im Sinne der Bibel: den besonderen Weg, zu dem uns Gott durch Christus berufen hat, auch wirklich zu gehen. Und wer diesen Weg wirklich geht, auch wenn er dabei manchmal müde wird und ihm die Knie schlottern – wer diesen Weg geht, dessen Leben ändert sich, der ist am Ende nicht mehr der gleiche wie am Anfang. Er ist dann auch vorbereitet, Gott wirklich zu sehen, seine Herrlichkeit zu schauen. Heiligung heißt nicht, daß wir uns krampfhaft darum bemühen, immer noch bessere und frömmere Christen zu werden. Sondern so, daß wir aufeinander achten, aneinander Anteil nehmen und einander stärken und Mut machen.
- Und genau hier stellt unser Brief nun neben den Wegweiser auch eine *Warntafel*. Darauf steht: Achtet auch auf die, die auf dem Weg zurückbleiben. Denn sonst könnte es passieren, daß einer die Gande Gottes versäumt. Das ist dann jemand, der nicht mehr mitkommt auf dem Weg und der dann von den anderen links liegen gelassen wird, weil er im Moment mehr zweifelt als glaubt oder weil er müde wird auf dem langen Weg. Jemand, der dann allein gelassen wird, der gibt viel leichter auf, resigniert und wird verbittert. Und aus dieser Verbitterung wächst dann »eine bittere Wurzel, die Schaden anrichtet.« (Verachtung, Überheblichkeit, Neid, Haß, Gewalt ... oder völlige Resignation; Beispiele oder Erfahrungen aus dem Alltag dazu wird es wohl immer geben).
- Ein allein gelassener Mensch kann so verzweifelt und verbittert werden, daß er darüber sogar die Gnade und den Segen Gottes verfehlt. Und als

Beispiel dafür wird Esau angeführt, der sein Erstgeburtsrecht für ein Linsengericht an Jakob verkauft. Und später, als es ihn reute, hatte er nicht einmal mehr die Möglichkeit zu Gott umzukehren ... (So sagt es jedenfalls der Hebräerbrief. Ich bin überzeugt, daß die hebräische Bibel mit den Geschichten von Jakob und Esau und dem Segen des Vaters ursprünglich etwas ganz anderes sagen wollte. Darüber ein anderes mal mehr ...) Esau wird hier ganz als Mensch gesehen, der an sich und seinem Egoismus zerbricht. Und an ihm soll deutlich werden, daß es ein endgültiges Zu-Spät gibt: verpaßte Chancen vor Gott.

Auf der Warntafel steht: Geht nicht davon aus, daß Gott sowieso vergibt, daß ihr dann immer noch umkehren könnt. (Sowie der französische Philosoph Voltaire einmal gesagt haben soll: Vergeben, das ist Gottes Metier, das ist sein Beruf. Er kann ja gar nicht anders.) Gott ist nach der Verkündigung der Bibel nicht der große Zauberer, der immer noch locker fünf oder zehn neue Chancen aus dem Hosenrock ziehen kann, wenn der Mensch schon alle seine Möglichkeiten gründlich verspielt hat. Tun wir also das, was nach unserer Überzeugung nötig ist, lieber heute als übermorgen. Ein altes Sprichwort sagt: »Wenn Gott sagt: heute, dann sagt der Teufel: nein, lieber erst morgen.«

Möglicher Schluß

Nach den Wegweisern und der Warntafel folgt nun eine Vision mit einer Zusage: Vers 22–25a.

Da ist auf einmal vom Berg Zion die Rede und von der Stadt Gottes, dem himmlischen Jerusalem. Unser Brief sagt nicht: Ihr *werdet* einmal dorthin kommen, später, wenn ihr lange genug durchhaltet. Sondern: »Ihr *seid* bereits zum Berg Zion gekommen.« Ihr gehört dazu. Der lebendige Gott taucht nicht erst am Horizont eures Lebens auf wie ein Berg, den man in weiter Ferne sieht, sondern ihr habt schon Zugang zu ihm und seinem Heil. Und nun folgt dieses eindrückliche Bild vom himmlischen Jerusalem, der Stadt Gottes. Dort findet ein großes Fest statt mit ganz vielen Menschen. Es sind Menschen, die noch als Glaubende, Hoffende und Liebende unterwegs sind und Menschen, die schon gestorben sind und nun bei Gott eine ewige Heimat gefunden haben, Bürger in der Stadt Gottes. Und Gott ist der Richter von allen, nicht der Privatgott von ein paar wenigen.

Ich finde das ein großartiges Bild. Es macht deutlich: Wir sind ja nicht allein auf dem Weg. Wir sind ja nicht vergessen. Unsere Namen sind im Himmel geschrieben. Was gibt uns mehr Kraft als die Verbundenheit mit den Christen aller Zeiten und aller Völker!

Der neue Bund ist bereits durch Jesus geschlossen. Sein Blut wurde nicht umsonst vergossen. So wie einst das Blut des ermordeten Abel nach Rache und Vergeltung schrie – so steht jetzt das Blut Jesu im Zeichen der Vergebung. Es ruft uns zur Versöhnung und zum achtsamen Umgang miteinander.

Kontexte

Zu Vers 14 (»Jagt nach dem Frieden«) schreibt Calvin: »Die Menschen sind von Natur aus so beschaffen, daß sie den Frieden eher zu fliehen scheinen: da ist jeder mit sich selbst beschäftigt und fordert Rücksicht auf seine eigene Art, während er die Art der anderen nicht gelten lassen will. Wenn wir daher dem Frieden nicht mit ganzem Ernst nachjagen, entschwindet er uns beständig; denn an Gelegenheiten und Anlässen zum Zwist fehlt es keinen Tag. Der Apostel ermahnt uns, den Frieden nicht nur zu schätzen, solange uns dies bequem ist und leicht fällt, sondern ihm aus aller Macht nachzutrachten, damit er unter uns unversehrt bleibe.« (Johannes Calvin, Auslegung der Heiligen Schrift in deutscher Übersetzung, Bd. 14, Neukirchener Verlag, Neukirchen-Vluyn o. J., S. 164)

Zum Bild von Esau:
»Als wirklich tragische Gestalt von beiden Brüdern kommt uns Esau vor, der uns in einem bestimmten Augenblick am stärksten anrührt. Er ergreift uns sogar. Von Anfang an, heißt es, liebte ihn niemand. Die Bibel ist gegen ihn und der Midrasch noch mehr. Die Verleumdungen, mit denen er überhäuft wird, werden nur noch von denen übertroffen, die man später über Israel verbreiten wird. ... Und doch wird Esau, Jahre später, wenn die beiden Brüder - nach Penuel - sich wiedertreffen, die Ungerechtigkeiten und skandalösen Vorgänge, deren Opfer er war, vergessen. Er wird sich großherzig und menschlich zeigen; er wird weinen und seinen Bruder umarmen. Diese Szene entbehrt, wie wir zugeben müssen, nicht der Größe. Aber die sympathische Rolle hat hier Esau, das merkt der Midrasch und tut alles, damit Esau der grobe Klotz bleibt ... Alles in allem wird er als arglistiges, böses und grausames Wesen und als Heuchler beschrieben. Es wird uns geraten, weder seinen schönen Worten noch seinen Mitleidsäußerungen zu trauen. Wie Jakob den Geist symbolisiert, so steht Esau für den Instinkt.
Im biblischen Text ist es umgekehrt aber Esau, der vorteilhaft geschildert wird. Er ist stark und doch gut, gekränkt, aber doch nachsichtig. Er nimmt nichts übel, ist nicht böse, nein, er ist offen und ehrlich. Viel mehr als sein junger Bruder, der ihm sogar in dieser Situation noch etwas vormacht ...«
(Elie Wiesel, Adam oder das Geheimnis des Anfangs, Verlag Herder, Freiburg, 2. Auflage 1994.)

3. Sonntag nach Epiphanias

Annäherungen an den Predigttext Apostelgeschichte 10,21–35

Hans Reinhard Rapp

Reaktionen in einer Gemeindegruppe
»Mir kommt der Text vor wie ein alter Seeräuberschatz. Du hast eine alte Karte mit seltsamen Zeichen entziffert, fährst damit auf eine einsame Insel und fängst an zu suchen. Allmählich werden dir die Zeichen deutlicher.«
»Ich möchte die Zeichen auch gern verstehen. Es hat gar keinen Zweck, gleich beim Predigttext einzusetzen. Ich fange mit dem ganzen Kapitel an: da war also ein Mann namens Kornelius, vor dem standen die Soldaten stramm und sagten: ›Jawohl, Herr Hauptmann!‹ – und sonntags ging er in den Tempel und war fromm, – aber er war doch ein Römer!«
»Und darum durfte er gar nicht in den Tempel gehen, das war den Römern verboten, um die Juden nicht zu reizen, und sonntags war der Tempel geschlossen, höchstens am Sabbat hätte er sich dort sehen lassen können, – aber was sollte er dort, als Römer glaubte er doch an Jupiter und Diana und all die andern Götter ...«
»Damals gab es ein großes Religionsgemisch. Juden nahmen römische und griechische Sitten an, und manche Römer fanden den jüdischen Glauben an den einen Gott ernsthafter und überzeugender als die zänkische und sittenlose Götterfamilie auf dem Olymp, die ja nichts anderes war als ein Spiegelbild der menschlichen Gesellschaft.«
»Aber richtige Juden konnten die Römer ja doch nicht werden, denn sie gehörten nicht zum Volk Israel, sie waren und blieben Fremde.«
»Sie konnten sich aber zur Synagoge halten. Wenn sie sich nach einer einfacheren Form des jüdischen Gesetzes – also praktisch nach den 10 Geboten – richteten und sich zu dem einen Gott bekannten, dann galten sie als ›gottesfürchtige Männer‹. So einer war also Kornelius, und er stand als frommer und gebefreudiger Mensch bei den Juden in hohem Ansehen.«
»Und er blieb doch ein Fremder. Zwar durfte er zur Synagoge kommen, aber kein gläubiger Jude durfte sein Haus betreten, denn es war und blieb ein heidnisches Haus, und der Jude hätte sich bei einer Begegnung mit heidnischen Familienangehörigen, Dienern oder Besatzungssoldaten verunreinigt.«

»Das ist ja fast wie bei den getrennten Rassen in unserer Zeit: Weiße Christen, – schwarze Christen, sie glauben an denselben Gott, denselben Jesus, und sie geben sich nicht die Hand, setzen sich nicht auf eine Bank, – Berührungsangst: Ich verunreinige mich!«
»Eben darum geht es ja in unserem Abschnitt, wir sind schon bei unserer Schatzkiste angekommen und brauchen nur noch nachzugraben. Da ist sie schon mit ihren eisenbeschlagenen Bändern. Wir öffnen das alte Schloß und finden die Goldmünzen, eine alte Währung, aber von bleibendem Wert: Nun erfahre ich in Wahrheit, daß Gott die Person nicht ansieht; sondern in jedem Volk, wer ihn fürchtet und recht tut, der ist ihm angenehm!«
»Ein Riesenfortschritt ist das. Sonst neigen Religionsgemeinschaften zur Abkapselung. Sie sind exklusiv wie ein englischer Club. Nur die Auserwählten gehören dazu. Dieses Prinzip wird hier durchbrochen. Keine Berührungsangst mehr zwischen uns hier drinnen und denen da draußen. Das ist es, was Petrus aus seinem Traum lernen muß.«
»Mir gefällt das sehr, – nur beschäftigt mich noch etwas ganz anderes. Ich lebe seit einigen Jahren vegetarisch, und es stört mich, daß in der Bibel nirgends das Töten von Tieren verboten wird wie im Hinduismus. Auch hier heißt es: ›Steh auf, Petrus, schlachte und iß!‹ Nicht einmal Jesus hat das Schlachten verboten!«
»Er ißt das Osterlamm mit seinen Jüngern, und in seinem Gleichnis vom verlorenen Sohn läßt er das Mastkalb schlachten. Damals war wohl Fleischnahrung unentbehrlich, weil der karge Boden nicht genug Pflanzenkost hergab.«
»Das ist ein praktischer Gesichtspunkt. Mir ist es eine Gewissensfrage. Jeder normal empfindende Mensch fühlt, daß das Schlachten grausam ist.«
»Das stimmt. Mein Großvater war beim sogenannten Schlachtefest immer schlecht gelaunt und raunzte die Hausmädchen an, sodaß sie heulend zur Großmutter liefen. Die wußte den Grund und tröstete die Mädchen: ›Wees man stille, min Deern, – dat Swien duurt em!‹ (Das Schwein dauert ihn).«
»Aber geschlachtet wurde es trotzdem!«
»Ja. Es war ja Nahrungsvorrat; das Fleisch wurde eingepökelt und geräuchert. Außerdem, – wenn die Beutelwürste im Kochwasser hingen und der Brühduft durchs ganze Haus zog, war das Gewissen rasch beschwichtigt. Es hängt eben doch mit dem Magen zusammen.«
»Das befriedigt mich nicht, aber ich sehe wohl, daß wir heute mit dieser Frage nicht weiterkommen. Was wird denn nun aus unserem Schatz?«
»Neuer Wert in alter Münze! Wir erleben heute einen Rückfall in Berührungsangst und exklusives Denken. Da sind die Sekten, die ihre Mitglieder abkapseln von ihren Eltern, Freunden und Verwandten, da kommt der Nationalismus wieder auf und möchte die Grenzen um das eigene Volk möglichst hoch ziehen, da wachsen Verachtung und Mißtrauen gegenüber den Fremden, den anderen ... es gibt also Grund genug, den alten Schatz

auszugraben und die alten Münzen neu in Umlauf zu setzen. Was längst gesagt wurde, kann eben noch einmal und noch einmal gesagt werden. Gold rostet nicht ...«

Zum Gottesdienst

Henning Theurich

Exegetisch-homiletische Skizze

1. In der Geschichte von der Begegnung zwischen Petrus und Kornelius, »einem der wichtigsten Bekehrungstexte des Neuen Testaments« (Walter Hollenweger, Evangelisation gestern und heute, Stuttgart 1973, S. 9), geht es sowohl um die »Bekehrung« des judenfreundlichen (V. 22) Hauptmanns Kornelius als auch um die des judenchristlichen Apostels Petrus. Die schwierige homiletische Aufgabe, aus einem Bruchstück dieser Geschichte (Kap 10,1 bis 11,18) auszuwählen, scheint man am besten so erfüllen zu können, daß man sich entweder auf »Schatzsuche« begibt, um goldene Worte »von bleibendem Wert« zu entdecken (s. o. I) oder daß man sich für eine narrative Predigt entscheidet, die sich auf die gesamte Erzählung bezieht. Letzteres hat Ernst Öffner vorgeschlagen und beispielhaft vorgeführt (in: Gottesdienstpraxis, 6. Perikopenreihe, Bd. 1, 1983, 89–97), und Petra von Gemünden ist ihm darin neuerdings gefolgt (in: Gerd Theißen, Zeichensprache des Glaubens. Chancen der Predigt heute, Gütersloh 1994, 163–168). Dabei ist jeweils die Perspektive des »allwissenden Erzählers« in der Apostelgeschichte ersetzt durch die fiktive Sicht von Simon dem Gerber (V. 6), der zum Begleiter von Simon Petrus auf dem Weg nach Cäsarea wird. Das macht die Erzählung spannend und führt am Schluß zur Einsicht des »Augenzeugen«, die zugleich das Predigtziel ist: »Ich sage euch: der Geist weht, wo er will. Und es kann sein, daß er ein neues Verstehen Gottes eröffnet, wo keiner es erwartet. Denn die Liebe Gottes anerkennt keine Grenzen. Sie will alle Menschen erfassen« (von Gemünden, aaO., 168). Bemerkenswert ist mir dabei, daß Lukas hier zur Begründung dieser universalen Absicht auf das Ablehnungs- und Verstockungsmotiv ganz verzichtet: »Das Evangelium gelangt nicht zu den Heiden, weil Israel oder seine Führenden es ablehnen, sondern weil es Gottes universalem Heilswillen und der Verheißung des Auferstandenen entspricht« (Alfons Weiser, Die Apostelgeschichte, Kapitel 1–12, ÖTBK 5.1, 1981, 271).

2. Diesem Predigtziel stimme ich zu, möchte es aber auf einem anderen, dritten Weg erreichen, der seinen Ausgang nimmt bei der *Vision des Petrus und seiner Ratlosigkeit* (V. 17). Er weiß noch nicht, was seine Vision (V. 9–16) zu bedeuten hat. Ihre wahre Bedeutung – nicht um Tiere, sondern um Menschen geht es! – bekommt sie ja erst nachträglich durch den Fortgang der Ereignisse, wobei auffällt, daß sie selber zumindest den äußeren Handlungsablauf nicht bestimmt: »Soweit Petrus nicht durch die Nachricht der Korneliusboten veranlaßt wird, mit ihnen zu gehen, ist es eine eigene Anweisung des Geistes (10,20; 11,12), die das Mitziehen bewirkt und auch das Betreten des heidnischen Hauses; sodann wird das Taufgeschehen ebenfalls nicht durch die Petrusvision, sondern durch die überraschende Herabkunft des

Heiligen Geistes ausgelöst« (Alfons Weiser, aaO., 255). Im jetzigen Handlungsablauf hat die Vision vielleicht die Funktion einer inneren Unruhe und eines verborgenen Motors auf dem Weg zu neuer Einsicht: »Gott hat mir gezeigt, daß ich keinen Menschen (!) meiden oder unrein nennen soll« (V. 28). Der Ausgang bei der Aporie des Petrus hat wie die narrative Perspektive den Vorzug, auf einen allwissenden Erzähler verzichten zu können und die Hörer an der Suche nach der Bedeutung zu beteiligen: *vom »Gesicht« zu neuer Einsicht!* »Das Aufregende an dieser Geschichte ist gerade, daß ein Apostel, der zum Felsen der Kirche berufen war, im Verlauf seiner Evangelisation etwas über das Evangelium lernte, das er vorher nicht gewußt hat« (W. Hollenweger, aaO., 14), nämlich »daß es nicht auf Juden beschränkt ist und die für ihn selbstverständlichen Kultgesetze des Judentums für die Heiden nicht verpflichtend sind. Gott schaut die persona, die Maske oder Rolle nicht an (Apg 10,28). Er sieht den Menschen« (aaO., 10).

3. Vermutlich entstammen Vision und Audition des Petrus ursprünglich einem anderen Zusammenhang und sind erst von Lukas hier eingefügt worden. Das erlaubt, sie auch für sich zu betrachten. Zunächst fallen die äußeren Umstände auf: Betend und hungrig gerät Petrus in Ekstase. Das ist anscheinend nicht außergewöhnlich, sondern gehört sozusagen zur Ausstattung eines Pneumatikers. Eine Tiervision auf dem Haus des Gerbers, also eines durchaus ehrbaren Handwerkers, der es mit der Verarbeitung von Tierhäuten zu tun hat, ist irgendwie stimmig. Aber es fällt doch auf – immerhin liegt Joppe am Meer –, daß in der Vision weder Fische noch andere Meerestiere erscheinen. Hätte Petrus, der ja Fischer war, bei *ihrem* Anblick vielleicht nicht mit so starker Abwehr, ja mit Ekel reagiert, wie es hier anscheinend der Fall ist?! Eine tiefenpsychologische Deutung könnte vielleicht einen inneren Konflikt zwischen animalischer Triebstruktur einerseits und gesetzlicher Normierung andererseits beschreiben. Denn bevor Tiere als Nahrung in Betracht kommen, sind sie in ihrer kreatürlichen Vielfalt zunächst Ausdruck von Vitalität und ungehemmter Triebhaftigkeit, der gegenüber Petrus sich nur mit dem Rückgriff auf Verbote zu erwehren weiß. Auch scheinen in dieser Vision Lebens- und Todessymbole (Schlachten und Essen!) unlösbar ineinander verschlungen zu sein. Das allein schon ist verwirrend genug.

Die dreimalige Audition: »Was Gott rein gemacht hat, das nenne du nicht verboten« (V. 15), die ja im Widerspruch zur Tora steht (Leviticus 11) und die Petrus merkwürdigerweise nicht als Stimme des Versuchers, sondern sofort als Stimme seines »Herrn« erkennt, macht ihn vollends ratlos. »Auf Grund einer Vision – nicht etwa des Studiums des Alten Testamentes« (W. Hollenweger, aaO., 10) übertritt er schließlich das Verbot.

Vorschläge zur Liturgie

Wochenspruch

»Es werden kommen von Osten und von Westen, von Norden und von Süden, die zu Tisch sitzen werden im Reich Gottes« (Lukas 13,29).

Gebet zum Beginn

Lebendiger Gott,
öffne unsere Herzen,
damit wir das Wehen deines Geistes spüren,

öffne unsere Hände,
damit wir sie unseren Mitmenschen entgegenstrecken,
öffne unsere Lippen,
damit Freude und Wunder des Lebens über sie fließen,
öffne unsere Ohren,
damit wir deinen Schmerz in unserem Menschsein hören,
öffne unsere Augen,
damit wir Christus im Freund wie im Fremden erkennen,
gib uns deinen Geist ein
und berühre unser Leben mit dem Leben Jesu Christi. Amen
(El Escorial, in: Nicht mit halbem Herzen. Gebete aus der Ökumene II, hg. v. Evang. Missionswerk, Hamburg.)

Zur Besinnung
Wir heute.
Es ist sicher,
daß wir schneller fahren,
höher fliegen und weiter sehen können
als Menschen früherer Zeiten.
Es ist sicher,
daß wir mehr abrufbares Wissen
zur Verfügung haben
als jemals Menschen vor uns.
Es ist sicher,
daß Gott sein Wort noch niemals
zu einer besser genährten, gekleideten
und besser gestellten Gemeinde sprach.
Nicht sicher ist,
wie wir bestehen werden vor seinem Blick.
Vielleicht haben wir mehr Barmherzigkeit nötig
als alle, die vor uns waren.
(Lothar Zenetti, in: Gottesdienstgestaltung. Ein ökumenisches Werkbuch, hg. v. Karl-Heinrich Bieritz und Michael Ulrich, 1987[2], S. 186).

Allgemeines Gebet
Ewiger Gott, dessen Bild im Herzen aller Menschen liegt.
Wir leben unter Völkern, die anders denken als wir,
deren Glaubensweise uns fremd,
deren Sprachen uns unverständlich sind.
Hilf uns, nie zu vergessen, daß du in deiner großen Liebe
alle Menschen liebst,
daß jede Religion ein Versuch ist, dir zu antworten,
daß die Sehnsucht anderer Herzen in vielem unserer gleicht
und du sie kennst.

Hilf uns, daß wir in dir die Worte der Wahrheit erkennen,
die Schönheit sehen,
das Handeln der Liebe für uns spüren.
Wir bitten um Christi willen,
der keinem Land fremder ist als irgendeinem anderen,
und jedem Land nicht weniger fremd als irgend einem anderen.
(aus: Jesus Christus, das Leben der Welt. Ein Gottesdienstbuch für die 6. Vollversammlung des ÖRK, Genf 1984, S. 98).

Sendung
Wir sprechen gemeinsam:
Mit lauschenden Ohren und Herzen,
mit offenen Sinnen und gehorsamen Schritten
gehen wir weiter auf dem Weg mit Christus
und wählen aufs Neue den Weg der Pilgerschaft.
Gehorsam der Vision, die wir empfangen haben,
setzen wir Zeit und Begabungen,
Kraft und Liebe ein
im Dienst des Friedensfürsten
in Gottesdienst, gemeinsamer Sendung
und in einem Leben der Hoffnung.
Herr, gib uns den Mut, uns aufs Neue
nach Frieden und Gerechtigkeit auszustrecken
in deinem Namen. Amen
(Schlußfeier der Europäischen Konferenz für Frieden, Gerechtigkeit und Bewahrung der Schöpfung in Basel 1989; in: Lebendige Liturgie, hg. v. Sybille Fritsch-Oppermann und Henning Schröer, Gütersloher Verlagshaus, Gütersloh 1990, S. 97f.).

Vorschlag zur Predigt

Möglicher Anfang
» ›Es werden kommen von Osten und von Westen, von Norden und von Süden, die zu Tisch sitzen werden im Reich Gottes‹ (Lukas 13,29). Das, liebe Gemeinde, ist der Stoff, aus dem Visionen sind! Aber wer wünscht sich heute noch Visionen? Wer kann sie sich erlauben? Zwar reden viele davon und erträumen sich eine bessere Zukunft oder versprechen sie anderen. Aber das wirkliche Sagen haben heute nur die Leute, die mit beiden Beinen fest auf dem Boden der Tatsachen stehen.
Auch in der Kirche sind Visionen nicht gefragt. Es geht um sichere Arbeitsplätze und solide Haushalte, um Bestandssicherung und Selbsterhaltung. Visionäre haben heute keine Konjunktur.
Und doch brauchen wir in der Kirche Visionen, die zu neuen Einsichten führen. So war es jedenfalls in den Anfängen der Kirche. Am Anfang stand

die Vision, vor der Einsicht war die visionäre Schau, das »Gesicht«. So war es auch bei Petrus, dem Visionär.«

Zum weiteren Verlauf

- Seine Vision verwirrt Petrus und macht ihn ratlos. Auf der Suche nach einer Deutung kommen ihm die Korneliusboten wie gerufen. So kommt die »Bekehrung« sowohl des Petrus als auch des Kornelius in dem Sinne wirklich in Gang, daß sie beide die Einsicht gewinnen, die Petrus ausspricht: »In Wahrheit begreife ich jetzt, daß Gott keine Günstlinge kennt, sondern ihm in jedem Volk willkommen ist, wer ihn fürchtet und Gerechtigkeit wirkt« (V. 34 f., in der Übersetzung von Fridolin Stier).
- Auch heute gehört es zum Wesen von Visionen, daß sie uns wie Petrus zunächst beunruhigen und ratlos machen, daß sie aber schon den Keim des Neuen in sich tragen und auf den Weg zu neuen Einsichten bringen. Dabei macht es keinen Unterschied, daß Visionen heute weniger aus ekstatischem oder mystischem Erleben stammen, sondern vielmehr aus der Logik des Evangeliums. So z. B. der bekannte »Lebenstraum« von Martin Luther King, in dem es am Ende heißt:
  »Wenn wir die Freiheit erschallen lassen - wenn wir sie erschallen lassen von jeder Stadt und jedem Weiler, von jedem Staat und jeder Großstadt, dann werden wir den Tag beschleunigen können, an dem alle Kinder Gottes, - schwarze und weiße Menschen, Juden und Heiden, Protestanten und Katholiken - sich die Hände reichen und die Worte des alten Negro Spiritual singen können: ‚Endlich frei! Endlich frei! Großer allmächtiger Gott, wir sind endlich frei!‘«
  (Ich habe einen Traum. Texte und Reden von M. L. King, hg. v. Christian Zippert, Gütersloher Verlagshaus, Gütersloh 1994, 46 f.).

Möglicher Schluß

Am Ende kommt es nur auf die Einsicht an, zu der Petrus und Kornelius durch Gottes Geist bekehrt wurden: Gott vertrauen und das Gerechte tun. Für unsere Zeit hat dies Dietrich Bonhoeffer gesehen. So schrieb er im Mai 1944 aus der Gefängniszelle zur Taufe seines Patenkindes:

». . . unser Christsein wird heute nur in zweierlei bestehen: im Beten und im Tun des Gerechten. Alles Denken, Reden und Organisieren in den Dingen des Christentums muß neugeboren werden aus diesem Beten und aus diesem Tun.«
(In: Widerstand und Ergebung. Neuausgabe, hg. v. Eberhard Bethge, © Chr. Kaiser / Gütersloher Verlagshaus, Gütersloh)

Diese Sicht sollen wir uns nicht nehmen lassen, an dieser Einsicht sollen wir festhalten. In diesem Sinn ist schließlich jeder Christenmensch ein Visionär. Amen.

Letzter Sonntag nach Epiphanias

Annäherungen an den Predigttext
2. Petrus 1, 16–19 (20–21)

Wolfgang Herrmann

Gespräch im Kirchenvorstand

1. Der erste Eindruck nach dem Hören dieses Textes?
»Das ist ein prophetisches Wort; da leuchtet ein Licht im Dunkeln. Man ist von freundlichen Worten berührt.«
»Da steht ›Wir haben es selber gesehen‹. Gut, wenn man das so sagen kann. So kann man Zweifler besser überzeugen«. – »Ja, aber wir haben es deshalb doch so schwer, weil wir das eben nicht sagen können. Wir waren ja nicht wie die Jünger dabei.«
»In Vers 20 steht, daß ›keine Weissagung in der Schrift Sache eigener Auslegung ist‹. Aber genau das tun wir doch gerade; wir legen den Text aus und versuchen ihn zu verstehen, so gut wir es eben können. Offenbar sollen wir das gar nicht, sondern sollen auf die Offenbarung des Lichtes warten.«
»Wie kann man denn unterscheiden, ob jemand aus eigener Weisheit etwas sagt, oder ob das eine Offenbarung durch den Heiligen Geist ist? Man kann es doch nicht an der Nasenspitze ablesen.«
2. Das Gespräch wendet sich dem Thema »Sekten« zu.
»Die legen alles nach ihrer Auffassung aus.« – »Wenn jemand von den Zeugen Jehovas kommt, mache ich lieber die Tür gleich wieder zu. Sind die erst mal drin, wird man sie überhaupt nicht wieder los. Und im Gespräch fehlen mir meistens die Argumente und die Bibelkenntnis, um ihnen das Richtige entgegenzusetzen.«
»Es gibt ja in der Bibel Sätze, die einem gut gefallen. An die hält man sich und übergeht die anderen. Liest man die Bibel vielleicht ganz verkehrt und legt sich alles nach persönlichen Gesichtspunkten zurecht?«
»Es ist schwer, darauf zu warten, daß das Licht nun endlich kommt. Man kann doch gar nichts dafür tun. Natürlich liegt in diesem Warten auf den Geist eine Hoffnung, – aber, ich weiß nicht, ob das nun alles ist.« »Soviel Vertrauen ist heute aber meistens gar nicht vorhanden. Die meisten Leute sind sehr leichtgläubig und übernehmen ohne Prüfung, was ihnen vorgesetzt wird.«

3. Wenn wir dieses Wort am Sonntag als Predigttext hören, wie reagieren wir?

»Ich hätte da gern einige Informationen. Worauf bezieht sich denn der Verfasser? Das muß doch erstmal genannt werden, um seine Absicht überhaupt zu verstehen.« (Es folgt ein Blick in Kapitel 2 und ein Erschrecken über die aggressive Sprache, mit der da die – ebenfalls getauften! – »Irrlehrer« verteufelt werden.) »Kann der Text losgelöst von seiner Fortsetzung interpretiert werden, wenn so ein ›Hammer‹ folgt?«

»Es geht offenbar um einen Streit und darum, wer die Wahrheit auf seiner Seite hat. Ich muß hier an die katholische Kirche denken. Die Bischöfe wissen auch immer ganz genau, was die Wahrheit ist; und der Papst ist sogar unfehlbar. Aber das sind doch auch nur Menschen.«

»Sie berufen sich darauf, Nachfolger der Apostel zu sein, und das waren eben Augenzeugen, wie der Text sagt.« – »Aber daß sie mit Jesus dabei waren, das sagt doch gar nicht soviel. Wenn man in den Evangelien liest, erfährt man, daß sie meistens gar nicht verstanden haben, worum es ging. Und am Ende haben sie ihn alle entweder verraten, verleugnet oder im Stich gelassen.« »Nochmal zu den katholischen Bischöfen: Man kann diesen alten Männern wirklich nicht alles abnehmen, was sie da verkünden, kein Wunder, wenn ihnen die Leute fortrennen.« »Aber wenn in dem Text steht, daß man die Schrift nicht eigenmächtig auslegen darf, dann kommt doch so etwas wie ein Papst dabei heraus.«

»Mich beschäftigt die Stimme aus dem Himmel: Das hört sich doch heutzutage genau wie eine Fabel an. Wo kommt die Stimme denn her? Und wenn das schon so war: Warum hat denn die himmlische Macht nicht eingegriffen, als der selbe Jesus am Kreuz hing? Da war von »mein lieber Sohn« nicht mehr die Rede.«

»Jeder Gottesdienst beginnt ›im Namen Gottes, des Vaters, des Sohnes und des Heiligen Geistes‹. Aber das kaufen die meisten Leute nicht mehr ab. Man sieht und versteht das nicht, was das denn heißen soll. Sie haben ihre eigenen Erfahrungen; und der Heilige Geist schwebt irgendwo und irgendwie drüber. Das können die Menschen nicht zusammenbringen.« »Vielleicht sollte man immer Zwiegespräche in den Gottesdiensten halten, damit nicht so von oben herunter geredet wird.«

»Wir sitzen jetzt hier und versuchen, den Text zu hinterfragen und seine Hintergründe zu verstehen. Und weil wir so aufgeklärt sind, fällt es uns schwer, zu glauben. Wir wollen alles vom Kopf her verstehen und für uns auslegen. Und was wir nicht verstehen, glauben wir nicht.« »Und wie ist das nun mit dem Heiligen Geist?«

Zum Gottesdienst

Kurt Dohm

Exegetisch-homiletische Skizze

Der Verfasser des 2. Petrus-Briefes umgibt sich mit der Autorität des Jesus-Jüngers und Apostels Petrus, um sich mit seinem Schreiben an die ganze Kirche zu wenden (1,1). Er bezeichnet sich selbst als Augen- und Ohrenzeugen der Verklärung Jesu (1,16.18). Dieser Brief soll apostolisches Vermächtnis an seine christlichen Leser sein (1,12–15), an die er sich bereits einmal mit einem Brief gewandt hatte (3,1). Er sieht sich selbst in der Reihe der übrigen Apostel (3,2), besonders auch seines »lieben Bruders Paulus«, dessen Briefe »so schwer zu verstehen« seien (3,15 f) und um die es zu seiner Zeit offenbar Kontroversen gegeben hat.

Nun besteht kein Zweifel daran, daß Petrus nicht der Verfasser dieses Briefes sein kann. Seine Entstehung wird allgemein im zweiten Jahrhundert angenommen. Erst bei Origenes bezeugt, war er auch in der Alten Kirche umstritten. Inhaltlich ist er bis in den Wortlaut hinein abhängig vom Judas-Brief, während er sich vom 1. Petrus durch Inhalt und Stil unterscheidet.

Ob die Verfasser-Frage innerhalb der Predigt zu erörtern ist, hängt von der Predigt selbst ab. Sicher ist die Predigt nicht der Ort, Einleitungsfragen zu diskutieren, aber um der Wahrheitsfrage willen, die sich für die Gesprächsgruppe in den »Annäherungen« als gerade bei diesem Text für sehr wesentlich darstellt, sollte schon auf die Autorenschaft des Briefes eingegangen werden. Vielleicht findet der Prediger einen Weg, auf eine lebendigere Weise als nur distanziert vom »Verfasser« oder vom »Text« zu reden.

Inhaltlich wird der 2. Petrus-Brief weitgehend als fragwürdig angesehen. Er enthält kaum christologische Aussagen, schweigt zu Kreuz und Auferstehung, entfaltet dagegen eine geradezu als abstoßend empfundene Gerichtsrede gegen Irrlehrer und Abweichler (vgl. dazu die »Annäherungen«). Den Gegnern wird die Leugnung der Parusie vorgeworfen (3,4), ihre Lehre in Zusammenhang mit Libertinismus und Unmoral gebracht (Kap 2). Der Verfasser möchte dagegen seine Leser zur Partizipation an der »göttlichen Natur« (1,4) einladen. Diese »Berufung und Erwählung« festzumachen, ermahnt er sie. Die dann aber »gefährlich verselbständigte Moral« (W. Schrage in: H. Balz und W. Schrage, Die Katholischen Briefe, NTD 10, 1980, S. 123) und das eschatologische Gemälde vom Weltbrand entwerten freilich diese Absicht wieder.

Positiv zu sehen ist dagegen die Verteidigung der christlichen Zukunftserwartung gegenüber der gleichgültigen und spöttischen Zukunftslosigkeit der Gegner. Als tröstlich empfinde ich auch Kapitel 3 mit dem Hinweis auf die Geduld Gottes (3,9). Sodann könnte der Brief dem Leser gerade auch in seiner Auseinandersetzung mit den Irrlehrern und deren Lebensweisen zur Orientierung in Glaubens- und Lebensfragen verhelfen.

Der zu predigende Abschnitt 1,16–21 hat keine besondere ausgeprägte eigene Thematik. In Vers 16–18 geht es um die apostolische Zeugenschaft des Verfassers, in Vers 19 um eine eher unklar gehaltene Mahnung zur Wachsamkeit, in Vers 20 und 21 um Prinzipien der Schriftauslegung. Man muß schon den übrigen Zusammenhang hinzunehmen, um die angesprochenen Themen zu vertiefen. In 1,10 werden die Leser ermahnt, ihre »Berufung und Erwählung festzumachen«, indem sie dem apostolischen Vermächtnis (1,15) folgen. Das verderbliche Treiben der Irrlehrer (Kap 2) zeigt, wohin eine Auslegung führt, die nicht aus dem Geist kommt. Eine Abtrennung der Verse 20 und 21 ist je nach Themenauswahl denkbar, aber nicht zwingend. Bei den »ausgeklügelten Fabeln« (Vers 16) kann man an die gnostischen Irrlehren denken, besonders auch an Äonen- und Geschlechterspekulationen (vgl. 1. Timotheus 1,4) und an andere christologische oder eschatologische »Fabeln« (vgl. auch 1. Timotheus 4,7 und 2. Timotheus 4,4). Genaues ist aber hier nicht auszumachen. Mit dem »prophetischen Wort« (Vers 19) sind wohl die alttestamentlichen prophetischen Weissagungen (1. Petrus 1,10) gemeint, aber es läßt sich auch das ganze biblische Schrifttum, einschließlich der bis dahin bekannten neutestamentlichen Schriften darunter verstehen. Undeutlich bleibt das Bild von der Lampe in Vers 19, als die die prophetische Verheißung und Überlieferung verstanden wird. Man wird erinnert an Psalm 119,105: »Dein Wort ist meines Fußes Leuchte und ein Licht auf meinem Wege.« Diese Lampe dient der Erhellung, bis schließlich der eschatologische Tag und mit ihm das volle Licht des wiederkommenden Christus anbricht. Doch ist der Morgenstern ja bereits vor Anbruch des Tages zu sehen. Auch scheint hier die kosmische Dimension der Parusie ungewohnt psychologisch umgedeutet zu sein (Schrage, S. 137). Vers 20 und 21 warnen vor eigener und freier Auslegung der Schrift. Der Geist wird an die apostolische Tradition und die rechte Auslegung an die Kontinuität ihrer Überlieferung gebunden (Vers 15). Von einem kirchlichen Lehramt ist an dieser Stelle aber noch keine Rede. »So etwas wie ein Papst« (»Annäherungen«) kommt also dabei noch nicht heraus.

Für die Predigt selbst gibt der Text kaum Themen her, die den Hörer auf Anhieb bewegen könnten. Das zeigen auch die Reaktionen im Kirchenvorstand, wie sie sich in den »Annäherungen« niedergeschlagen haben. »Papst, katholische Bischöfe, Zeugen Jehovas« – darin erkenne ich eher eine gewisse Verlegenheit dem Text gegenüber. Dagegen könnte die Wahrheitsfrage, die da auch gestellt wird, zum Predigtthema werden. Auch könnte das Erschrecken über Kap 2 und seine aggressive Sprache aufgenommen werden und anhand dessen über den Umgang mit Andersgläubigen nachgedacht werden.

Innerhalb des Kirchenjahres weist der Letzte Sonntag nach Epiphanias keine besonderen Züge auf. Ein letztes Aufleuchten von Weihnachten und Epiphanias (Vers 19) her, und die Kirche tritt bereits in die Vorfastenzeit ein. Es ist nicht die Zeit für besondere Gottesdienstformen. Vielleicht ließe sich dieser Sonntag mit seinen Themen noch da, wo man die Ökumenische Bibelwoche miteinander begeht, als Abschlußsonntag gestalten. Dann stünden sicher die Verse 19–21 im Mittelpunkt. Ansonsten bietet sich an diesem Tag die Gelegenheit zu einem ruhigen, von allen festlichen oder weniger festlichen Aufgeregtheiten befreiten Nachdenken mit der Allsonntagsgemeinde und einigen interessierten Gästen.

Ich selber möchte mit der Gemeinde an diesem Sonntag über ihren Glauben ins Gespräch kommen. Ich möchte Vers 10 aufgreifen: »Bemüht euch, eure Berufung und Erwählung festzumachen!« Dann möchte ich darüber nachdenken, was »zum Leben und zur Frömmigkeit dient« (Vers 3). Also: Was dient, was hilft zu einem christlichen Leben in unserer Zeit? Was ist gut dafür? Von welcher Hoffnung leben wir? Wie bewährt sich Glaube in der Welt, welches Licht läßt uns an dunklen Orten Wege finden (Vers 19)? Ich höre dabei auf den apostolischen Ratschlag (»Ihr tut gut daran ...«), die Botschaft der Propheten und der Schriften zu hören und zu achten und dem Zeugnis der Apostel und der Träger der Überlieferung (V. 16) zu vertrauen. Ich möchte dabei aber nicht zu hoch greifen, sondern diesen Versuch in aller persönlichen Bescheidenheit (V. 20–21) wagen.

Vorschläge zur Liturgie

Schriftlesung

Matthäus 17,1–9 (Verklärung Jesu) als Evangelium oder 2. Korinther 4,(1–5)6–10 (Schatz in irdenen Gefäßen) als Epistel. Psalm 97,10–12 oder Psalm 119 in Auswahl oder Psalm 36.

Voten

zum Eingang

»Mache dich auf, werde Licht; denn dein Licht kommt, und die Herrlichkeit des Herrn geht auf über dir! Denn siehe, Finsternis bedeckt das Erdreich und Dunkel die Völker; aber über dir geht auf der Herr und seine Herrlichkeit erscheint über dir (Jesaja 60,1–2).«

als Gnadenwort

»Gott, der sprach: Licht soll aus der Finsternis hervorleuchten, der hat einen hellen Schein in unsre Herzen gegeben, daß durch uns entstünde die Erleuchtung zur Erkenntnis der Herrlichkeit Gottes in dem Angesicht Jesu Christi (2. Korinther 4,6).«

vor der Predigt

»Dein Wort sei meines Fußes Leuchte und ein Licht auf meinem Weg (Psalm 119,105).«

Lieder

»Du höchstes Licht, ewiger Schein«, V. 1–5 EG 441
»Herr Christ, der einig Gotts Sohn« EG 67
»Wie schön leuchtet der Morgenstern« EG 70
»Herr, für dein Wort sei hochgepreist« V. 1+2+6+7 EG 196
»O Christe, Morgensterne« EG 158

Gebete

Zum Eingang

Christus,
du hast uns gerufen.
Die Unruhe, die uns ergreift,
wenn wir dein Wort hören,
beweist es.
Du kennst unsere Schwäche.
Du weißt,
wie leicht wir den Mut verlieren.
Du weißt,
wie ängstlich wir unsere Schritte setzen.
Aber du hast uns gerufen.
Darauf verlassen wir uns.

Wirke in uns,
wenn es dein Wille ist.
Brauche uns
und machen uns brauchbar.
(aus: Jörg Zink: Wie wir beten können, Kreuz Verlag, Stuttgart 1991)

Sündenbekenntnis
Wem können wir trauen, Gott?
Wo ist die Wahrheit?
Was gibt uns Hoffnung?
So viele falsche Stimmen,
so viele eigene, verwirrte Gedanken,
so viel Dunkelheit!
Erlöse uns aus unserer Verwirrung,
und selbstverschuldeten Blindheit.
Erinnere uns an unsere Bestimmung,
schenk uns neu das Licht des Glaubens
und der Erkenntnis.
Wir bitten dich, Gott, erbarme dich!

Schlußgebet
Noch wissen wir, Herr, Gott,
wie Jesus von Nazareth gesprochen hat
über diese Erde, über dich
und über alles Menschliche.
Etwas von seinen Worten und von seiner Stimme
ist uns bewahrt geblieben,
genug, daß es uns ahnen läßt,
wer du seist.
Wir bitten dich, laß uns sprechen
aus seinem Geist,
einfach und verständlich.
Wir bitten dich für alle, die bestellt sind,
das Evangelium zu verkünden
und das Gebet zu leiten:
Daß sie sich nicht aufdrängen
und deinen Namen nicht mißbrauchen.
Wir bitten dich für alle, die hinausgehen,
den Glauben auszusäen.
Schließlich bitten wir für uns selbst,
daß wir uns deiner Stille nicht entziehen,
Gott der Ferne und Nähe.
(aus: Huub Oosterhuis, Ganz nah ist dein Wort, Herder Wien)

Vorschlag zur Predigt

Möglicher Anfang

Wie ein letzter Widerschein von Weihnachten her, liebe Gemeinde, scheinen uns die Texte und Lieder dieses Sonntages in die dunkle Winterzeit. Vielleicht haben wir sie ja noch im Herzen, die guten Geschichten von Jesu Geburt, die freundlichen Empfindungen aus jenen Festtagen, die Hoffnung für unser eigenes und für fremdes Leben. Ein Fest wie Weihnachten bedeutet für mich auch immer wieder eine Stärkung des Glaubens und aller Hoffnungen.

Nun sind es aber einige Wochen her. Das Licht des Festes ist kleiner geworden, die Hoffnungen auch. Und der Glaube steht schon längst wieder im Widerstreit mit allen Fragen und Zweifeln, die aus jener Sicht der Dinge kommen, die wir Realität nennen.

Ich stehe selbst mitten drin, in dieser Art von Realität, die so technisch und machbar geworden scheint. Der Computer, dieses Ding, das unser Leben zu einem berechenbaren und kontrollierbaren Ereignis macht, bestimmt auch meine Arbeit und Freizeit. Die Nachricht, daß Menschen in der Retorte gezeugt werden und leben, überrascht mich nicht mehr. Ich sehe, daß immer mehr Menschen sich die Freiheit nehmen, die Formen ihres Lebens selbst zu bestimmen. Es scheint kaum noch allgemein verbindliche Regeln zu geben.

Wie soll ich das zusammenkriegen mit meinem Bild von Gott, der die Welt geschaffen hat und in Händen hält? Was bedeuten mir da noch die Gebote und Ordnungen der Bibel? Hier sind nicht nur Traditionen abgebrochen. Das Bild vom Menschen und von Gott selbst hat sich verändert.

Am tiefsten aber stellt sich für mich die Frage nach dem Glauben da, wo ich auf das Elend der Welt blicke. Welcher Krieg bricht heute wo aus? Welche Hungersnot droht morgen? Wo müssen Menschen immer noch flüchten? So viele dunkle Orte in dieser Welt – wie weit reicht da das Licht des Glaubens?

Da höre ich wie eine freundliche und zugleich feste und mit Autorität redende Stimme die Worte aus dem 2. Petrus-Brief. Sicher spricht da nicht der Apostel selbst zu uns. Zu groß ist der zeitliche Abstand dieses Briefes von der Zeit der Jünger. Aber klingt darum seine Mahnung und sein Trost weniger bestimmt und überzeugend?

»Bemüht euch, eure Berufung und Erwählung festzumachen. Denn wenn ihr dies tut, werdet ihr nicht straucheln« – so klingt es aus dem 1. Kapitel herüber.

Es tut mir gut, daß ich zunächst einmal an das erinnert werde, was ich bin, was ich einmal empfangen habe und was mit mir geschehen ist. Diese Stimme aus dem 2. Petrus-Brief fängt nicht bei meinen Zweifeln und Fragen an. Sie spricht meinen Glauben an. Sie erinnert mich an meine Taufe. Sie ruft in mir wach, was für mich einmal wichtig gewesen ist an Überzeugungen, an Erkenntnis, an Hoffnungen. »Was zum Leben und was zur Frömmigkeit dient«, das haben wir schon längst geschenkt bekommen. So werden wir erinnert.

Zum weiteren Verlauf

Ich versuche jetzt, ein paar persönliche Dinge zu nennen, die mir in der Vergangenheit geholfen haben, die genannten Realitäten zu deuten und anders zu sehen. Ich überlege, ob Geschichten aus meiner eigenen Biografie sich eignen, darzustellen, wie Glaube zum Leben hilft (Konfirmandenzeit, Studium, Kirchentage). Ich nenne meine Hoffnungen für Frieden und Gerechtigkeit gegen den Augenschein der Wirklichkeit. Glaube ist immer auch die Hoffnung auf einen neuen, anderen Tag, ist die Gewißheit, daß die Dinge nicht so bleiben, wie sie sind. Hier ist dann auch das eine oder andere Beispiel aus den Kontexten einzufügen.

Wie aber lassen sich Glaube und Hoffnung jenseits aller doch mehrdeutigen eigenen Erfahrungen festmachen und festhalten, so daß sie zu einer dauerhaften Gewißheit werden? Ich bringe den apostolischen Ratschlag ein: »Wir haben das prophetische Wort, und ihr tut gut daran, daß ihr darauf achtet als auf ein Licht, das da scheint an einem dunklen Ort.«

Eigene Erfahrungen sind wichtig. Das Zeugnis anderer Menschen, denen wir vertrauen, ist wichtig. Es hilft zur Orientierung. Das persönliche Vorbild überzeugt immer noch am meisten. Nicht nur damals, zur Zeit des 2. Petrus-Briefes. Die Älteren haben darum auch in der Gemeinde eine große Verantwortung gegenüber den Kindern und Jugendlichen.

Aber gut tun wir daran, auf das prophetische Wort zu achten, also schlicht in der Bibel zu lesen. Da finden wir, was Glaube bedeutet und wie er sich bewährt: bei den Propheten und Lehrern des Alten Testaments, bei den Evangelisten und Briefeschreibern des Neuen, bei Paulus wie bei Petrus (Beispiele!). Um solche Lektüre kommt ein christlicher Glaube nicht herum. »Dein Wort ist meines Fußes Leuchte und ein Licht auf meinem Weg«, weiß der Psalmist. Das geht uns nicht anders. Manchmal ist es so dunkel um uns her, daß wir keinen Weg mehr erkennen können. Da ist es gut, wenn man ein Licht hat, das einem besser sehen hilft. Das kann ein Vers der Bibel sein, eine einzelne Geschichte oder das Ganze der Überlieferung.

Möglicher Schluß

Darum möchte ich Sie, liebe Gemeinde, mit dem Apostel einladen zu regelmäßiger Bibellektüre. Ob es jemand im Kreis der Gemeide tut, ob er das Losungsbüchlein oder andere Hilfen zur Hand nimmt oder ganz selbständig in der Bibel blättert, ist nicht so wichtig. Vertraut zu sein mit den Geschichten und Gestalten der Bibel hilft dem eigenen Glauben. Es gibt Orientierung, es schenkt Gewißheit, es »dient der Frömmigkeit«.

Vor allem aber wird der Blick dadurch immer wieder auf das eine große Licht gelenkt, auf den Morgenstern, der den kommenden Tag ankündigt.

Wir haben von Weihnachten und von den letzten Sonntagen her noch im Ohr, wie dieser Morgenstern mit Jesus Christus in Verbindung gebracht wird. Er ist das große Licht, »dessen Herrlichkeit wir gesehen haben«, wie unser Briefeschreiber von sich selber bezeugt. Er ist das Wort Gottes, wie wir bei Johannes lesen.
An diesem Wort festzuhalten, auf dieses Licht zu achten, hilft zum Leben und zum Glauben, auch in dunkler Winterzeit.

Kontexte

»Man darf den sogenannten Realisten nicht die ganze Menschenwelt überlassen. Wir haben eine Wahl, als Menschen. Wir haben die Wahl einer ganz anderen Möglichkeit zu leben. Man sieht sie an Kindern und eine kleine Weile vor und nach der Geburt auch an ihren Müttern. Man sieht sie an Künstlern und Forschern, an Gründern und Erfindern und Heiligen. Alle diese Gruppen haben eines gemeinsam: Sie lassen sich nicht von ihren bösen Erfahrungen leiten, sondern von ihren guten Erwartungen. Sie sind nicht abgeschreckt durch das, was war, sondern gespannt auf das, was kommt. Sie leisten sich die Vorfreude auf das, was noch nicht dagewesen ist, auf die Utopie, auf das, was als Kommendes von den Realisten nie verrechnet werden kann. Für sie ist die Welt voller Verheißung, jedenfalls voller erfreulicher Chancen. Sie sind keine Schwärmer, aber sie sind insofern realistischer als die Realisten, als sie bereit sind, die Wirklichkeit nicht nur anzuschauen als die Summe der unverrückbaren Bedingungen des Daseins, sondern auch und zuletzt als das Spielfeld seiner Möglichkeiten, seiner Alternativen.«
(E. Lange, in: W. Koeppen u. a., Spuren des Lebens, Neukirchen-Vluyn und Stuttgart, 1990, S. 100)

»Seit dem dreizehnten Lebensjahr hatte ich mit dem Glauben gebrochen. Längst gehorchte ich nicht mehr den Geboten und beachtete nicht mehr die zahllosen Verbote. Aber die Zuversicht, mit der ich den Messias erwartete, war die gleiche geblieben. Es mag sein, daß ich, seit ich denken kann, keiner Idee begegnet bin, die mich so überwältigt hat wie die Idee, daß diese Welt nicht bleiben kann, wie sie ist, und daß sie ganz anders, besser werden kann, und daß sie es werden wird.«
(Manès Sperber, in: Spuren des Lebens, S. 101)

Die Autorinnen und Autoren

Pfarrerin Ulrike Börsch, Bad Orb; Pfarrer Stefan Claaß, Mainz; Pfarrer Dr. Albert Damblon, Korschenbroich; Superintendent Hans Werner Dannowski, Hannover; Pfarrer Dr. Klaus Dirschauer, Bremen; Pfarrer Kurt Dohm, Bremen; Pfarrer Gerhard Engelsberger, Wiesloch; Pfarrer Anselm Friederich, Heidelberg; Pfarrer Hermann Otto Geißler, Wiesbaden; Pfarrer Günter Gottschämmer, Darmstadt; Pfarrer Dr. Rolf Heinrich, Gelsenkirchen; Pfarrer Dr. Wolfgang Herrmann, Holzappel; Pfarrer Friedrich Holze, Loccum; Studienleiter Bernhard von Issendorff, Wiesbaden; Pfarrer Reiner Jansen, Frenkendorf/Schweiz; Pfarrer Dr. Klaus Johanning, Schwerte; Pfarrerin Ingrid Keßler-Woertel, Moormerland-Veenhusen; Pfarrer Dr. Reinhard Kirste, Nachrodt; Pfarrerin Jutta Konowalczyk-Schlüter, Bremen; Pfarrerin Dagmar Maxin-Schnell, Bad Bevensen; Pfarrer Klaus von Mering, Langeoog; Pfarrer i. R. Hans Reinhard Rapp, Hermannsburg; Pfarrer Jürgen Rogler, Nürnberg; Pfarrer Dr. Jörg Rothermundt, Plüderhausen; Pfarrer Christian Schad, Weingarten; Pfarrer Dr. Günter Scholz, Neu-Wulmstorf; Pfarrer Jobst von Stuckrad-Barre, Göttingen; Pfarrer Dr. Henning Theurich, Bonn; Pröpstin Helga Trösken, Frankfurt/Main; Pfarrerin Mechthild Werner, Wörth am Rhein; Dekan Klaus Zillessen, Waldshut-Tiengen